Benoit Parfait Bidjo
Harris Abega

Repenser sur le pain quotidien du peuple de Dieu et de l'église

Benoit Parfait Bidjo
Harris Abega

Repenser sur le pain quotidien du peuple de Dieu et de l'église

Éditions Croix du Salut

Imprint

Cover image: www.ingimage.com

Publisher:
Éditions Croix du Salut
is a trademark of
International Book Market Service Ltd., member of OmniScriptum Publishing Group
17 Meldrum Street, Beau Bassin 71504, Mauritius

Printed at: see last page
ISBN: 978-613-7-36674-5

Sommaire

Prélude

L'on ne naît pas Chrétien, ni bibliciste, mais on le devient. Tout le monde peut éduquer. Tout le monde peut devenir Pasteur. Mais, tout le monde ne peut enseigner.

L'éducation à la chrétienneté ne saurait être efficace sans enseignants qualifiés. Lorsque l'on jette un regard de chercheur dans la Bible, on constate que ; Dieu a si bien disposé les choses ; que lui-même a déclaré que tout est bon. Un si bon agencement chronologique des choses, des faits et des événements ne saurait être l'œuvre d'un mortel.

Seul, celui qui n'a jamais changé est capable d'une œuvre pareille. La chronologie des livres, de Genèse à Apocalypse sont disposés de manière que si l'un est déplacé, on tombe dans le chaos. Cette chronologie des choses, n'est-elle pas instructive pour nous les mortels ? On ne parachute pas d'emblée dans la grâce sans passer par la loi.

Problématique

Luc 10 :21-24

En ce moment même, Jésus tressaillit de joie par le Saint- Esprit, et il dit : je te loue père, Seigneur du Ciel et de la terre, de ce que tu as caché ces choses aux sages et aux intelligents, et de ce que tu les as révélées aux enfants. Oui, père, je te loue de ce que tu l'as voulu ainsi.

Toutes les choses m'ont été données par mon père, et personne ne connaît qui est le fils, si ce n'est le Père, ni qui est le Père, si ce n'est le Fils et celui à qui le fils veut le révéler.

Et, se tournant vers les disciples, il leur dit en particulier : ***heureux les yeux qui voient ce que vous voyez !***

Car je vous dis que beaucoup de prophètes et de rois ont désiré voir ce que vous voyez, et ne l'ont pas vu, entendre ce que vous entendez, et ne l'ont pas entendu.

Jérémie 48

48.10

Maudit soit celui qui fait avec négligence l'œuvre de l'Éternel, Maudit soit celui qui éloigne son épée du carnage !

J'aime les gens qui travaillent. J'aime les gens qui combattent la monotonie. J'aime les gens qui peuvent à tout instant innover ; qui savent s'accommoder avec le temps. Les gens qui savent chercher, fouiller, afin d'apporter un sang neuf à une monotonie qui ne produit presque plus rien au fil du temps. La Bible a tout, et la Bible d'elle-même sait s'accommoder et donner des solutions selon les circonstances. Lorsque je parle d'accommodation, je veux dire que la sémantique de la parole ne change pas, mais elle donne la solution selon le temps. Même dans mes enseignements au milieu du peuple de Dieu, je me comporte toujours en amateur. C'est pour cela que je remets toujours en question le contenu de mon outre. Lorsque les jeunes convertis viennent à ma rencontre, je me comporte toujours devant eux en amateur dans la parole biblique. Nous débattons, nous discutons, nous émettons, finalement nous nous accordons et rendons grâce à Dieu.

Toi à qui Dieu donne la bénédiction de lire ces écrits, je te les présente en amateur. Cette position permettra que toi et moi, recommençons à fouiller la Bible chaque fois que nous serons confrontés à un nouveau cas. C'est pourquoi, toi et moi, prendrons la peine de ne pas beaucoup citer les versets bibliques. Si tu es d'accord avec moi, prend ton petit carnet de notes, recommençons à fouiller la Bible et découvrons de nouvelles révélations, des approches qui apporteront un souffle nouveau dans l'œuvre de Dieu en Christ.

Depuis un certain temps, l'Eglise du Christ souffre d'un manque dans la satisfaction des besoins quotidiens du peuple de Dieu. Lorsque l'on fait un tour dans la prière enseignée par le Christ, le Notre père, il en ressort que le pain quotidien (finances et matériel) dont le Christ est notre garantie auprès du Père n'est plus reçu comme le précise cette prière. L'ennemi comme dans l'affaire de la nouvelle naissance a tôt fait de fermer la porte du pain au quotidien du peuple de Dieu. Il n'a libéré que la voie du salut qui est la propriété personnelle de Dieu. Que ferrait donc le peuple de Dieu et l'Eglise s'il faut gérer le salut au quotidien ?

Le mysticisme Africain est-il aussi puissant qu'on le croit ? par rapport à la démonstration de force que le Christ ne cesse de faire preuve dans les autres secteurs de la vie du peuple de Dieu ? Ou alors est-ce que la parole de Dieu a t'elle- changé ? Est-ce que c'est le Christ qui a changé ? Ou alors ce sont les serviteurs qui sont dépassés par les problèmes de l'heure ? Ou est-ce que la Bible qui ne répond plus aux attentes du peuple de Dieu ? à la lumière des écrits bibliques, vous et moi allons chercher les réponses et solutions à cette épineuse question qui est déjà un mal profond des communautés chrétiennes et dans l'Eglise du Christ Jésus.

Extrait du discours de Léopold II roi des Belges et propriétaire du Congo. Ex : Zaïre à des missionnaires partant en mission en Afrique. C'était en 1883.

Révérends, frères et chers compatriotes, la tâche qui vous est confiée… est très délicate et demande beaucoup de tact. Prêtres, Vous allez certes pour l'évangélisation, mais cette évangélisation doit s'inspirer avant tout des intérêts de la Belgique (La métropole).

Le but principal de votre mission en Afrique n'est donc point d'apprendre aux nègres de connaître Dieu, car ils le connaissent déjà. Ils parlent et se soumettent à un MUNDI, un MUNGUL, un DIAKOMBA, un ZAMBE, que sais-je encore ? ils savent que tuer, voler, coucher avec les femmes d'autrui, calomnier, injurier…n'est pas bon. Ayons donc le courage de l'avouer, vous n'irez pas leur apprendre ce qu'ils savent déjà.

Votre rôle est de faciliter la tâche aux administratifs et aux industriels. C'est dire donc que vous interprétez l'évangile de la façon qui sert à mieux protéger nos intérêts dans cette partie du monde.

Pour ce faire, vous veillerez entre autres à désintéresser nos sauvages des richesses dont regorgent leurs sols, pour éviter qu'ils s'y intéressent, qu'ils ne nous exposent pas à une concurrence meurtrière et rêvent un jour à nous déloger.

Votre connaissance de l'évangile vous permettra de trouver facilement des textes recommandant aux fidèles d'aimer la pauvreté, par exemple : « *Heureux les pauvres car le royaume des cieux est à eux* ». « *Il est difficile au riche d'entrer au ciel* ».

Vous ferez tout pour que les nègres aient peur de s'enrichir pour mériter le ciel. Vous devrez les détacher et les faire mépriser tout ce qui leur procure le courage de nous affronter. Je fais allusion à leurs fétiches de guerre qu'ils ne prétendent point abandonner ; et vous vous mettrez tous à l'œuvre pour le faire disparaître. Votre action doit se porter essentiellement sur les jeunes afin qu'ils se révoltent.

Le commandement du père (parent) peut manquer d'obéissance, mais l'enfant devra apprendre à obéir à ce que lui recommande le missionnaire qui est le père de son âme. Insister particulièrement sur la soumission et l'obéissance. Evitez l'esprit de critique dans vos écoles. Apprenez aux élèves à croire et non à raisonner. (…)

Evangéliser les nègres à la mode Africaine, qu'ils restent toujours soumis aux (…) Blancs. Qu'ils ne se revoltent jamais contre les injustices que ceux-ci leur feront subir. Faites-leur méditer chaque jour *« heureux ceux-ci qui pleurent car le royaume des cieux est à eux* ». Convertissez toujours les Noirs au moyen de la chicotte.

Gardez leurs femmes pendant neuf mois afin qu'elles travaillent gratuitement pour vous. Exigez qu'ils vous offrent en signe de reconnaissance des chèvres, des poules, des œufs chaque fois que vous visiterez leur village. Faites tout pour éviter que les noirs ne deviennent jamais riches. Chantez chaque jour qu'il est impossible aux riches d'entrer au ciel. Faites-leur payer une taxe chaque semaine à la messe du dimanche. Utiliser ensuite cet argent prétendument destiné aux pauvres ; et transformez ainsi vos missions en des centres commerciaux florissants. Instituez pour eux un système de confession qui fera de vous de bons détectives pour dénoncer tout noir à une prise de connaissance aux autorités investies d'un pouvoir de décision.

Le travail des colons consistait à dépouiller les croyants Africains, à abrutir leur intelligence. Comme quoi "Croyez, ou mieux obéissez seulement, ne chercher pas à comprendre". Il était donc difficile aux africains de voir la réalité.

C'est le même mode de croyance qui continue de nos jours dans les Eglises venues de la métropole. Les serviteurs comme les croyants, personne ne raisonne, ni ne peut analyser la parole de Dieu afin de recueillir le jus qui s'y trouve.

Lorsque les colons rencontraient une résistance dans leur mission, ils la détruisaient. Pour mieux assoir leur domination. Les colons ont présenté aux Africains le mauvais côté des statuettes, des fétiches utilisés dans le mysticisme. Ces choses posaient de sérieux problèmes au travail des colons. La destruction ou l'abandon matériel de ces choses par les Africains, sous la menace des colons ne fut pas réellement la solution. Amener quelqu'un à se convertir n'est pas une affaire de sang ou de chair, mais une affaire d'esprit. Les Africains connaissaient déjà Dieu. Ils savent également que c'est une affaire d'esprit. Sous la peur et la crainte des colons, les Africains se sont donc mis à développer des formes occultes invisibles plus performantes que les formes visibles. Le développement de la forme invisible du domaine spirituelle prend donc de l'essor. La force spirituelle des missionnaires coloniaux est mise à rude épreuve. Cette nouvelle forme à plus qu'élever la force de frappe du mysticisme des peuples d'Afrique. Les Africains se retrouvaient donc au-dessus de la puissance de l'Eglise coloniale. Comme pour conséquence, le salut s'est éloigné des Africains, et même le bon développement.

Les Réalités Occidentales # aux Réalités Africaines

Par rapport au discours du ministre des colonies, la colonisation dans le domaine spirituel comme tout ailleurs a eu pour but la satisfaction de l'intérêt du colon.

Lorsque l'homme chute dans le jardin d'Eden, le contact avec l'Esprit de vie et de gloire de Dieu est rompu. C'est-à-dire, ce que l'homme pouvait accomplir dans la dimension de l'Esprit de Dieu n'était plus possible. Tout est donc réduit à la dimension de la chair. Les animaux qui étaient sous la domination de l'homme ne le sont plus. Même la force physique n'a pas suffi pour que l'homme puisse retrouver sa domination sur tous ceux qui furent sous son contrôle. Le contact avec l'échec fut noué. La conversation entre *the Serpent* et la femme dans le jardin d'Eden était très poussée. La Bible nous présente uniquement la fin tragique de cette rencontre.

Lorsque nous lisons les écrits bibliques, nous constatons que les hommes ont eu le temps de développer plusieurs alliances avec le côté opposé à la volonté de Dieu après la chute. La destruction de Sodome et Gomorrhe en dit beaucoup. Les dieux philistins en donnent des révélations. Les pratiques qui satisfassent la chair se sont développées. C'est ce que l'on appelle le mysticisme. Le côté noir de la création de l'homme : l'occultisme (le frottement des désirs de l'homme contre la volonté divine de Dieu). L'être humain est retombé dans le tohu-bohu.

En lisant la Bible de la première page à la dernière page l'on se rend compte que la doctrine de la Bible ***est un humanisme qui prône le bien être spirituel, matériel, social et économique de l'être humain*** *; par conséquent le développement harmonieux de l'humain dans son milieu.*

Dans la Bible le personnage central, ou encore la révélation de Dieu est en Jésus- Christ. Etant le témoin oculaire de tout ce qu'il a fait et continue à faire, la question que l'on se poserait encore est la suivante : pour quoi l'Africain n'arrive-t-il pas à vivre quotidiennement les biens faits de son salut en Christ ? la réponse pourrait se situer à plusieurs niveaux.

- Est-ce que c'est l'Evangile qui est mal transmis ?
- Est- ce que c'est le croyant en Christ qui est mal converti ?
- Est- ce que ce sont ceux qui sont chargés d'instruire qui ne sont pas aptes, ou sont limités ?

Il est juste et bon de rappeler que l'Eternel Dieu est Saint ; trois fois saints. Sa parole représente sa personnalité. Elle ne soufrerait donc pas d'ambigüité ; ni dans ce siècle, ni dans les siècles à venir. Le problème se poserait donc au milieu des Hommes ; des Hommes dans le contexte Africain. La connaissance culturelle spirituelle Africain n'a jamais été sue du colon missionnaire occidental. Détruire le fétiche de quelqu'un n'est que la face de l'iceberg. Pour tout bon opérant avec un être suprême, le domaine de l'esprit est le côté le plus performant et le plus accentué de la relation. Que gagne le colon dans le salut des Africains ? Que gagnerait son pays ? Déjà qu'il est difficile de déraciner les Africains de leur culture. L'Eglise coloniale s'est vite vue incapable face à la culture spirituelle Africaine ; pourvu qu'ils ne s'en prennent pas aux intérêts de la métropole. Moïse, lui-même a eu du mal à en finir avec ces problèmes au milieu des Hébreux. En Afrique, chacun a son dieu ; donné par ses parents en qui il se fie. Chacun parle de son esprit en qui il fonde sa foi. Chacun a sa manière d'invoquer. Et chacun dira que c'est ainsi qu'il a trouvé ses parents faire. Mais il est difficile de trouver que chacun traite avec son esprit pour invoquer Dieu : l'Eternel Dieu tout Puissant ; l'Eternel des Armées, le père de Jésus.

Les réalités du pouvoir mystique de l'Egypte ancienne communes à toutes les Sociétés Africaines et certaines sociétés secrètes occidentales se pratiquent de la même manière. Lorsqu'on lit les contes de la culture Mandingue ou les contes de la culture Bantou, les pratiques de la culture spirituelle sont plus accentuées et profondes que l'éducation chrétienne occidentale. Le pouvoir mystique y est très fort. La légèreté avec laquelle les colons présentent l'Evangile Biblique véhiculé, les Eglises issues de la colonisation, de nos jours continuent à marcher dans le même sciage. Les nouvelles Eglises dites de "réveil" sont également presque tombées dans le même chao. Ceci a pour conséquence la limitation de la puissance de l'Evangile du Christ. La puissance de l'Evangile est-elle donc incapable d'agir dans tous les domaines vitaux du peuple de Dieu ? Certains serviteurs en sont mêmes victimes, et croupissent dans le manquement total : la misère.

Où se trouve le problème ?

Tout le temps que j'ai dirigé les cellules de prières et les Eglises, je me suis toujours cru au top des connaissances de la parole de Dieu.

En l'an 2000, le Saint Esprit et moi avons créé une assemblée : "**Eglise Puissance de Dieu**". Dans la même année, je fus ordonné Pasteur. Après quatre années de service, je me suis retrouvé face à un mur infranchissable : le mur de la limite ; le mur de la carence ; et le mur de l'orgueil. La troisième qualité de ce mur est celle qui prédominait. Ce caractère, je l'ai hérité de ceux qui m'ont planté et arrosé. Pour recevoir de Jésus, je suis passé dans deux Eglises. J'ai côtoyé des serviteurs de Dieu. J'ai suivi et participé dans des séminaires et des conventions. Mais hélas, c'était toujours le même son de tambour ; la même cadence. Même l'Eglise qui se trouvait au sein de l'Institution où j'ai suivi la formation et dont le fondateur était le doyen, vibrait de la même manière. C'est pendant ma formation, que le Saint Esprit, esprit par excellence de la mise à nu et de la conviction du péché des croyants, me permit de m'identifier comme étant le problème du peuple de Dieu et de l'Eglise du Christ.

L'expérience a montré qu'il est facile pour quelqu'un de vouloir changer son semblable, mais très difficile de changer sa propre personnalité. Moi-même, j'ai été un problème pour le peuple de Dieu et pour l'évangile de Christ. Je ne souhaite plus être une entrave à l'épanouissement du peuple de Dieu et au progrès de l'évangile du Christ. Le problème se trouve d'abord au niveau des serviteurs ; ensuite au niveau des croyants.

L'Equipement

En 1995, lorsque je crois et entends pour la première fois l'Evangile du Christ, le Serviteur en place n'avait qu'une seule ligne d'édification : "abandonner, abandonner, abandonner". Une sœur vint s'assoir près de moi pendant un culte du dimanche. Le serviteur de Dieu abonda encore dans le même sens de l'édification. La sœur murmura par des paroles "*toujours la même chose*" ; n'y a-t-il pas d'autres thèmes dans la Bible ? Par la force des hommes, j'ai dû changer d'Eglise. Là encore, le serviteur en charge de l'assemblée n'était pas plus que le précédent, le français laissait à désirer. Il est même parti jusqu'à dire que le seigneur n'a pas besoin de diplômes pour le servir ; ce qui est vrai. Mais pour donner des enseignements, il faut être instruit. C'est pour cela que Paul recommande qu'il n'y ait parmi vous beaucoup d'enseignants. En lisant cette phrase dans les écrits bibliques, on croirait que Paul est partisan de la limitation du nombre des enseignants spirituels. Loin de là, la vision de Christ est d'aller jusqu'aux extrémités de la terre. Pour y parvenir, il faut un grand nombre de serviteurs qualifiés. Ce n'est donc pas Paul qui viendrait contredire la parole du Christ. Paul est clair, c'est par la parole qu'on moule quelqu'un. Pour ce faire, il faut des hommes et des femmes instruits. Des hommes et des femmes ayant une formation adéquate et de l'expérience ; capables de transmettre le savoir et la connaissance ; car il faut beaucoup enseigner.

Par la grâce de Dieu, dans la deuxième Eglise que je me suis retrouvé, je fus élevé au rang des Diacres. Un jour, par la bénédiction du Seigneur Jésus, j'obtins la direction d'une soirée d'édification. A ce temps-là, je n'avais que le niveau d'études de la classe de Première D ; série par excellence des démonstrations.

En montant les marches des escaliers qui menaient vers l'autel, les premières paroles qui sortirent de ma bouche furent : Saint Esprit au travail. En introduisant le Saint Esprit avant ma personnalité, je me présentais déjà comme un instrument et non comme un acteur. De cette humilité, le directeur des opérations faisait déjà son travail. J'ai dû tenir des paroles bien soutenues, une conjugaison des verbes bien agencée, et une bonne cohésion des idées. Le Pasteur responsable de cette assemblée était en déplacement. De retour à Yaoundé, l'homélie de la réunion qui suivait était basée uniquement sur ma personne. Je fus vite mis au rang de ceux qui veulent s'emparer de l'autel du Pasteur. Comme lui-même le déclarait ! je n'étais pas encore à la fin des surprises. L'année qui suivait, je me suis inscrit à l'institut Pastoral de la même congrégation. A ma grande surprise, l'Apôtre de cette congrégation, pendant son discours introductif de l'année académique déclara : ***"Si les gens ne viennent pas vers nous, il va falloir que ce soit nous qui allions vers eux, pour cela, la formation intellectuelle et spirituelle des serviteurs s'imposent..."***

En l'an 2000, le plan du Saint Esprit et moi fut mis à exécution : l'ouverture d'une assemblée. Cette assemblée chrétienne a fonctionné pendant quatre ans. Les trois premières années furent des années de gloire. A la quatrième année, j'ai sombré dans la monotonie. Finalement j'ai été bloqué. Ne sachant plus quoi faire pour arroser le peuple de Dieu. Sans complexe, ni honte, j'ai fermé et je suis allé me rassoir sur les bancs de l'école. Le slogan de cette Institution est "*Être très utile dans le champ de Dieu*". Tout serviteur est utile dans le champ de Dieu, mais il faudrait que chaque serviteur cherche à se rendre *très utile* dans le champ de Dieu. Il y'a des mots qui ont une portée déterminante pour le service de Dieu dans la Bible, mais que les serviteurs non avertis ne s'en rendent toujours pas compte. Très peu sont ceux qui connaissent le travail dans le champ de Dieu. C'est le milieu par excellence où les serviteurs de Dieu sont au contact des besoins réels des âmes de Dieu. Remplis de la connaissance des problèmes que vivent les âmes de Dieu dans son champ, les serviteurs peuvent facilement à la lumière de la Bible apporter des solutions aux problèmes que vivent le peuple de Dieu à partir de leur vision ecclésiaste. Ceci permet d'éviter la désertion et le vagabondage spirituel du peuple de Dieu.

Si le Seigneur Jésus pendant son vécu physique, a passé beaucoup de temps en particulier avec les Apôtres, les instruisant, leur donnant des recommandations et des précisions sur le travail attendu par le Père, c'est parce qu'il savait que l'œuvre à laquelle il a appelé ses disciples nécessite que l'ouvrier soit bien équipé. Le Seigneur Jésus qui est le contre maître du champ de Dieu se souci de fournir aux ouvriers des outils de travail performants, leurs permettant de s'accommoder à tout genre de situation, pourquoi pas nous qui nous réclamons de l'imitation du Christ ?

Au cours d'une soirée, mon épouse et moi avons été surpris que le doyen de l'Assemblée déclare que "*je ne sais plus ce qu'il faut dire pour vous faire comprendre que ...*" Arrivée à la maison, mon épouse s'est dérangée pour ces paroles. Je lui ai répondu que le Pasteur est arrivé à sa destination.

Qu'est-ce que cela veut dire ?

Le Pasteur est arrivé à un seuil qu'il ne peut plus franchir.
C'est la limite de son intelligence et non de sa connaissance.

Et le Saint Esprit, il est là pourquoi ?

Le Saint Esprit n'utilise que le dépôt qu'il trouve en soi.

Il peut même arriver que les bénédictions parviennent au serviteur ; s'il est limité, celles-ci ne pourront jamais se matérialiser, ni dans sa vie, ni dans la vie du peuple. Un pasteur pauvre, est un serviteur dont les ouailles sont également pauvres : pauvres en intelligence, pauvres dans la connaissance des bénédictions que peut procurer le Saint Esprit dans la vie d'une personne, pauvres financièment et pauvres matériellement.

La dégradation de l'Eglise

La dégradation de l'Eglise est un fait qui ne peut être causé par le serviteur. Mais, la dégradation de l'Eglise est plutôt favorisée par le serviteur. Elle se fait au moyen de l'inertie de serviteur. Dans ce cas on parle d'un serviteur vide ; sans onction ; ou qu'il n'a pas le Saint Esprit. C'est une situation qui se manifeste non pas l'absence des miracles, mais par le fait que les âmes de Dieu qui sortent fraîchement du champ de Dieu arrivent dans l'Eglise remplient de toutes sortent de problèmes. Dès que ces problèmes sont déposés aux pieds de la croix de Jésus, s'ils ne sont pas traités et portés à Jésus par le serviteur comme le faisait Moïse, ces choses ne ressortent pas de l'Eglise. Ces choses commencent à envahir l'Eglise, si rien n'est toujours pas fait, ces choses prennent l'Eglise en otage. Comme pour conséquences palpables, le mépris peut s'installer entre le peuple de Dieu et le serviteur. Les accusations peuvent faire places. Les décès peuvent même faire partie de la désolation et le peuple peut se disperser.

Nous sommes au temps de la révélation. La période coloniale a pris fin. Nous avons déjà fait des études. Nous connaissons nos sociétés. Dieu a déjà permis que les missionnaires soient des natifs de l'Afrique, ce qui sous-entend que le destin de l'évangile dépend maintenant non plus du colon mais des natifs de l'Afrique. L'Eternel Dieu dit au peuple Israélite : *le livre de la loi que je vous prescris aujourd'hui n'est ni de l'autre côté de la mer ni au ciel, mais entre vos mains.*
Ou encore à Josué : *que ce livre de la loi ne s'éloigne point de ta bouche ; médite-le chaque jour ; Josué 1:8.*
Les occidentaux ont vécu la civilisation viking, ils ne se sont pas laissés abattre ou se plaindre éternellement sur leur coutume, après vint le temps de la révolution. Cette prise de conscience a permis à l'occident de se développer.
Les Eglises dites de réveil et qui veulent interpréter la parole biblique selon la réalité voulu par Christ présentent de grands manquements sur le plan intellectuel, à cause de la non formation des serviteurs. D'après mon observation, j'ai constaté que seule l'Eglise catholique est celle qui donne une formation adéquate selon ce que leurs serviteurs sont amenés à faire dans le champ de Dieu.
Dans la bible, trois courants scientifiques prédominent : la sociologie, la philosophie et l'anthropologie des peuples. Dans les structures de formation établies par l'Eglise catholique, les futurs prêtres s'y frottent aux enseignements liés à ces sciences. Par conséquent, ils maîtrisent bien la culture traditionnelle Africaine et s'en sortent mieux sur le terrain.
Il y a un grand serviteur dans mon pays, ce monsieur a d'abord évolué dans le monde spirituel des ténèbres. Lorsqu'il met à nu souvent ses exploits dans ce monde avant sa délivrance, je me mets à l'admirer. Méditant sur l'évolution de l'Eglise du Christ, mon veux le plus sincère est de voir chaque croyant qui s'avance vers Christ faire autant. La confession de : *j'ai volé, j'ai pratiqué*

l'adultère, la fornication et je ne sais quoi de plus, ces confessions ne servent à grande chose. Ce dont il faut s'attaquer est la racine qui favorise de tels comportements.

Je suis né dans une famille où mon grand oncle paternel fut un grand guérisseur de renom. Avant sa mort, il décida de léguer cet héritage à sa sœur qui fut ma grand-mère paternelle. Elle s'est plutôt spécialisée dans le traitement des enfants. Mes parents sont partis au Gabon me laissant très petit. J'avais presque trois ans, étant resté avec les parents de mon papa, comme chaque petit fils, je me suis attaché à ma grand-mère. Chaque fois qu'elle allait à la recherche des herbes de traitement, je partais avec elle. Finalement, j'ai pris goût à la chose. A un certain moment je me suis mis à traiter aussi les enfants, ensuite ce fut les grandes personnes. Ces choses, je les faisais de manière informelle. Cependant, je commençais déjà à maîtriser cet art. Un jour de l'an 1973, mes parents furent de retour du Gabon. Ils reprogrammèrent de repartir, cette fois je partis avec eux. Mon séjour dans ce pays fut de cinq ans. Pendant ces cinq années, je me mis à assister aux danses du *Ngoso (Eboga chez les fang)*, le *mouiri* chez les *Bapounou* et *l'obaka* chez les Miénè. En allant assister ou participer à ces danses d'initiation à l'occultisme, je ne me rendais pas compte que je tissais déjà des alliances avec les esprits de tradition qui régissent ces danses. De retour au Cameroun, en classe de cinquième, j'ai évolué jusqu'en classe de troisième. Pour la première fois j'échoue à un examen officiel. Puis une seconde fois. Par la même occasion, mon papa perdit toute la richesse qu'il ramena du Gabon. Habitant avec lui, les visites des charlatans commencèrent. Il voulait récupérer sa richesse disait-il. Parmi les charlatans visités, il y eut un qui m'avait beaucoup impressionné. Déjà qu'il résidait dans une banlieue, ce qui faisait qu'il nous conduisait dans une brousse à quelques mètres de sa maison. Nous restâmes sous un grand baobab, tandis qu'il s'avançais un peu plus vers l'intérieur de la brousse ; disant qu'il va causer avec le grand maître. Après quelques invocations, il nous disait que le grand maître est déjà là. Nous nous mettions à poser des questions, le grand maître nous donnait des réponses. A bien écouter ce charlatan, j'avais constaté que le fond des deux voix était presque la même. Finalement, je conclu qu'il faisait la ventriloquie. Ce charlatan décida un soir de nous amener visiter le cimetière de l'Eglise Catholique la plus proche, disant que le grand maître a décidé de nous rencontrer dans ces lieux. Après avoir donné les interdits à observer, nous nous pointâmes au cimetière à vingt-trois heures. Ce qui se passait dans ces lieux, jusqu'à ce jour, je ne sais comment l'expliquer. Les seules choses que je retenais furent les grands vents qui soufflaient, le bruit des pas des personnes invisibles.

Dans la famille même, lorsqu'un membre de la famille décédait, on nous nouait les cordes aux poignets disant que le mort reste vivre en nous et que c'est en la mémoire du disparu. Après l'enterrement, neuf jours après, on se mettait à appeler le mort disant qu'on fait sortir son esprit de la tombe. On se met à boire et à manger tout en disant que nous communions avec l'esprit du mort. Toutes ces choses, beaucoup comme moi l'ont fait ; et d'autres le font encore aujourd'hui dans l'ignorance ; et ignorant les conséquences de ces pratiques dans leur vie. Les vents que j'ai entendus soufflés et les pas des personnes invisibles que j'ai également entendu frapper le sol m'ont ouvert les oreilles. La lumière que je voyais sur l'arbre chez le ventriloque m'a ouvert les yeux. J'étais déjà capable d'entendre les voix des personnes invisibles. J'étais déjà capable de voir ce que les yeux autour de moi ne pouvaient voir. C'est après ces choses-là que j'ai pu voir des personnes ayant les esprits de mort. Elles se présentaient devant moi en chair ; mais moi je ne voyais qu'un squelette devant moi. Les maladies causées par ces situations furent : les démangeaisons chroniques des oreilles, des songes cauchemaresques chroniques, des nutritions de nuits, le mal de nerfs, les couches de nuits...
Voyez, dans cette situation, si une personne victime des maux tels que je l'ai déclaré ne se souvienne pas de toute ces pratiques, comment peut-elle prétendre entrer en possession des promesses de l'héritage financier et matériel céleste, si une saleté occulte pareille n'est pas d'abord débarrassée de son âme ? Ce sont des choses pareilles qui viennent souvent couvrir ou voiler la grande bénédiction que l'Eternel Dieu créateur a donné à toute âme humaine.
Moïse était instruit de toute la connaissance égyptienne. Fils adoptif de la sœur du roi d'Egypte, il a grandi aux pieds de pharaon dans le palais royal. Général de l'armée d'Egypte, grand scientifique (mathématicien, géographe), Moïse était un homme de fort caractère. Il manifesta le désir de libérer les Israelites (les siens) de la servitude d'Egypte par sa propre force. Il échoua malheureusement. Sans se lasser, il manifesta un désir ardent de chercher la face de Dieu pour la libération de ses frères et sœurs pendant quarante ans. Finalement, lorsque l'heure de la libération arriva, Dieu se manifesta à lui sur le mont Horeb. Entre le temps du départ de l'Egypte pour Madian, et de Madian pour l'Egypte, il s'est écoulé quarante années. Pendant les quarante années, Dieu a pris la peine de débarrasser de Moïse toutes les velléités de la culture Egyptienne, pour qu'il soit mieux utiliser par lui-même. Ce fut le temps de la délivrance et de l'équipement de Moïse.
Les hommes et les femmes veulent servir l'Eternel Dieu Yawéh, le père de Jésus avec une vie de non repentance. C'est la même chose qui se passe pour les âmes

qui viennent à Dieu. Les esprits se reconnaissent. Dans une Eglise où le leader n'est pas sincèrement repenti, les âmes qui y sont ne seront pas également repentis.
$_{a}$Certaines personnes sont des personnes qui connaissent des ascensions remarquables sans effort. $_{b}$Certaines, c'est au prix de gros efforts qu'ils obtiennent ce qu'ils veulent. $_{c}$D'autres n'obtiennent pas du tout. $_{d}$Certaines mènent une vie comme sur des nœuds coulants. Ce sont les cas *b, c* et *d* qui cherchent le plus souvent refuge en Christ. Le cas *a* se rencontre rarement dans le Seigneur Jésus.

Moïse était instruit de la culture Egyptienne, par conséquent, il pouvait mieux combattre le mal Egyptien au milieu du peuple Israélite. Cependant, Moïse ne fut pas le délivreur, il n'avait pour rôle que de libérer le peuple Israélite de la servitude de l'Egypte.
C'est à ce rôle de libérateur que doivent se limiter les serviteurs ; comme le précise Jean Baptiste dans,

Luc 3

Et il alla dans tout le pays des environs de Jourdain, prêchant le baptême de repentance, pour la rémission des péchés,

3.4

selon ce qui est écrit dans le livre des paroles d'Ésaïe, le prophète: C'est la voix de celui qui crie dans le désert: ***Préparez le chemin du Seigneur, Aplanissez ses sentiers.***

3.5

Toute vallée sera comblée, Toute montagne et toute colline seront abaissées ; Ce qui est tortueux sera redressé, Et les chemins raboteux seront aplanis.

3.6

****Et toute chair verra le salut de Dieu***

Dieu, est un être de sainteté. Sa bénédiction financière et matérielle ne saurait être le partage d'un homme ou d'une femme si le lavage spirituel ne se fait pas sincèrement. Le degré de bénédiction implique le degré de sanctification ; par conséquent le degré de connaissance.
Dans le Seigneur Jésus, chaque conscience qui vient en Christ doit être remplie des paroles qui vont dans le sens des désirs voulus devant Dieu. Celui qui veut la santé n'élèvera pas les mêmes paroles de prière que celui qui veut la protection. Celui qui veut la richesse financière n'aura pas les mêmes idées que celui qui veut

être béni par une épouse ou un époux. Connaître son peuple, c'est connaître les besoins du peuple. Nommer les noms des fidèles de l'assemblée n'implique pas la connaissance du peuple. Jésus dit qu'il connait ses brebis, et ceux-ci entendent sa voix et le suive. C'est une école de maître à disciples. Une formation de vie pour le salut. Des enseignements particuliers et spécifiques qui font la différence entre les différents croyants par rapport à leurs besoins et aux besoins de l'église. Les serviteurs doivent apprendre à préparer le chemin du Seigneur dans le cœur des âmes vouées à sa cause. Les principes de la fécondité font partir du travail que sont amenés les serviteurs à faire dans les cœurs, et les consciences des hommes et des femmes. Les vallées, les montagnes, les collines et les chemins tortueux sont des prisons dans lesquelles sont enfermées les pensées, les esprits et les cœurs des hommes et des femmes. Avant de prétendre à une bénédiction quelconque, il serait d'abord bon de sortir les hommes et les femmes des prisons de l'ignorances. Les déviances, les découragements et l'ignorance sont causés par les prisons dans lesquels sont enfermés les hommes et les femmes.

Les Africains serviteurs de Dieu connaissent ce qui se passe dans nos sociétés. Ils sont informés et sont également témoins des dires et des faits de l'occultisme de nos sociétés secrètes. Les ravages que font les œuvres occultes dans les familles Africaines ne sont pas des faits inventifs. Ce sont des réalités. L'étonnant dans le comportement des serviteurs Africains, baptisés "serviteurs de la nouvelle génération ou de la révélation", laisse à désirer. Ceux-ci font exactement ce que nous reprochions à nos aînés issus des Eglises dit de la période coloniale.

Pendant qu'on s'apprêtait à m'ordonner pasteur, un autre pasteur de la congrégation vint me voir très tôt chez moi. "Frère, est ce que tu es sûr de faire ce que tu entreprendras aujourd'hui ? je te conseille de ne pas t'y engager". Il le disait parce qu'il me voyait accomplir des guérisons miraculeuses pendant la convention qui devrait se terminer par mon ordination. Et, au cours de cette convention, il ne cessait de venir me décourager par des paroles et mots qui ne sont pas bien à écrire dans ce livre. Or, parmi les disciples qui allaient être ordonnés, je fus le seul qui ait fourni tout ce qui avait été demandé par la commission d'organisation. Je fus également celui qui ait participé à hauteur de 80% du financement de la convention. Après avoir pris conscience de tout cet apport, je suis allé rencontrer le doyen de la convention, lui rapportant ce qu'a dit son collègue, je lui ai signifié mon indignation vis-à-vis de son collège. Finalement, j'ai dit au doyen que : je suis partant pour l'ordination et que je ne peux abandonner.

Ces serviteurs sont tels que : lorsqu'un cas de litige spirituel se pose dans une famille ou dans un village, ils se comportent comme si l'affaire spirituelle tire son origine du concret. Des familles sont décimées à cause la légèreté dont les affaires spirituelles sont traitées et résolues ; du moins si elles sont résolues. Le jour de l'enterrement de mon jeune frère dont je suis l'aîné de deux ans, les anciens, se sont contentés de stigmatiser les causes du décès. Attendant voir une décision qui peut vraiment mettre fin au cycle des décès précoces des jeunes dans la famille, personne n'a osé parler, ni toucher le problème à la racine. Le jeune prêtre qui est venu officier ce jour, n'a même pas fait allusion à des choses pareilles. Mais après son sermon, quand tout était déjà terminé, les familles ayant déjà mangé, il alla déclarer que : "ces choses sont arrivées à mon frère parce qu'il n'avait pas encore cru au Seigneur Jésus".

Chaque fois qu'il y a un décès précoce dans la famille, mes parents évitent toujours que ce soit moi qui célèbre l'oraison funèbre. Ils savent que je connais ce qui se passe, car je suis de la famille. Ils savent que je suis à mesure d'amener le Seigneur Jésus de mettre fin à cette série de décès des jeunes non justifié. Et plus loin, je suis également à mesure de demander à l'Agneau de Dieu de sanctionner tous ceux qui iront encore se réunir dans le monde occulte pour vouloir réintroduire la mort au sein de la famille. Je l'ai fait une fois, cela a fonctionné. Depuis le jour où je l'ai fait, ils font tout pour m'éviter dans des circonstances pareilles.

Chaque serviteur issu de l'Afrique est capable de le faire. Ce sont des faits pareils de haut occultisme qui sont aussi à l'origine de la pauvreté des âmes de Dieu. Des fardeaux pareils sont difficiles à décharger de la vie des hommes et des femmes, si le serviteur n'est pas vraiment instruit des réalités pareilles des sociétés occultes secrètes Africaines.

Dans le livre de Genèse 1.28

> ... ***Soyez féconds, multipliez, remplissez la terre, et l'assujettissez ; et dominez*** *sur les poissons de la mer, sur les oiseaux du ciel, et sur tout animal qui se meut sur la terre.*

Ces versets de bénédictions sont le partage de chaque individu humain qui naît des entrailles d'une femme. Tant qu'un individu humain n'est pas libéré, cette bénédiction ne peut se réaliser dans sa vie correctement.

La grande bénédiction citée plus haut est celle qui entoure l'étoile de chaque homme et chaque femme. La force de cette bénédiction détermine l'éclat de la brillance de l'étoile d'une personne. C'est également cette brillance qui impulse la vitesse de l'accomplissement de la porale de bénédiction dans la vie d'un individu. Cependant, Dieu est celui qui détient le dernier mot sur les bénédictions d'un individu.

***Qui fait quoi et qui est apte à faire quoi ?**

La chose la plus étonnante ! Lorsqu'un serviteur de Dieu fait une déclaration, l'on oublie souvent que, ce qu'on adresse au peuple, l'on est également concerné.

Au cours d'un conseil paroissial hebdomadaire, le Pasteur doyen déclare : "*Biens aimés, chers collègues, vous savez que chacun de nous a reçu du Saint Esprit un don particulier, et c'est lorsque nous mettons ensemble ce que chacun a reçu que l'œuvre avance*". Il faisait allusion à *1 Cor.12 : 11*. Le week-end qui suivait, nous avons eu une séance de délivrance. Pendant ladite séance de délivrance, un monsieur est venu, souffrant de la tuberculose. Il avait de la peine à respirer. Il s'est aligné dans le rang qui menait vers moi. Arrivée à mon niveau, il s'est mis à décrire son mal. Après l'avoir écouté, je lui ai donné l'assurance des opérations de Christ pour sa libération. Puis, je me suis mis à invoquer l'amour de Jésus dans sa vie tout en tapotant sa poitrine. Il s'est mis à vomir : d'abord la nourriture, ensuite ce fut le pus, puis des glaires de sang et des substances gluantes. Bref, le Saint Esprit fut à l'œuvre. La semaine qui suivait, presque toutes les prédications étaient entachées de déviances basées sur ma personnalité. "... *Comme, il y'a certaines personnes qui pensent qu'elles sont plus utilisées par le Saint Esprit, elles doivent savoir qu'ici, c'est moi le Chef*.... Je suis le responsable de tout ce qui se passe dans cette assemblée et c'est moi qui rend compte à l'Eglise centrale...". Ce pasteur cultivait le conservatisme.

***Le Conservatisme**

Le conservatisme est un très est frein et un très grand blocage à l'épanouissement du peuple de Dieu dans les assemblées et églises ; et également l'un des comportements qui bloque le flux du Saint Esprit dans l'Eglise. Ce que l'un ne peut faire pour le peuple de Dieu, il est bon qu'il laisse son collègue le faire pour le peuple ; là où on a échoué, l'autre peut réussir. Benny Hinn dans son livre "Saint Esprit mon ami" déclare : si on met des barrières pour empêcher le Saint Esprit de partir à cause des égoïsmes des uns et des autres, le Saint Esprit finira par sauter par-dessus la barrière et s'en ira là où on le laisse manifester l'onction avec amour.

Le conservatisme limite l'action du Saint Esprit sur le peuple de Dieu et dans l'Eglise. Les gens ont souvent cru que se sont eux qui ont l'onction du Saint Esprit.

La parole est clair, Dieu ne partage pas sa gloire. Et Jésus dans Marc 17 a *en mon nom, ils...*mais les serviteurs de Dieu ont fait des dons du Saint Esprit leur propriété. Lorsque les serviteurs de Dieu vont cultiver le bon sens du mot servir, alors, ils pourront bénir abondamment et s'arroser eux-mêmes.

La Bible est clair dans le livre de 1 Cor.12, personne ne peut manifester tous les dons du Saint Esprit. On ne peut être à la fois partout au même moment, ni tout faire ou tout connaître ; on connaît en parti. Jésus est la seule personne en qui Dieu a fait descendre l'Esprit sans mesure. Les serviteurs, par un esprit égoïste et de gourmandise veulent souvent s'accaparer de tout. L'aveuglement des serviteurs de Dieu amène souvent le Saint Esprit qui est le maître des opérations spirituelles à se tenir en spectateur. Le responsable de l'assemblée revêt tous les titres : il est l'Apôtre des nations, c'est lui l'Evêque, c'est lui le Pasteur, c'est lui le Docteur, c'est lui le Médecin, c'est lui le Prophète... et, que sais-je encore ?

L'Apôtre Paul situe et déclare sa vocation dans ***1 Cor.1 : 17 Ce n'est pas pour baptiser que Christ m'a envoyé, c'est pour annoncer l'évangile.***

Beaucoup de serviteurs ne savent pas que la vocation est un don. Plusieurs ne reconnaissent même pas quand est-ce qu'ils ont été visités par Dieu pour leur appel. C'est pourquoi beaucoup de pasteurs ne savent pas quoi faire, ou de connaître là où ils sont aptes à travailler dans l'Eglise.

J'ai été témoin de l'élévation des personnes dans certaines congrégations, juste parce qu'ils faisaient beaucoup de dons en natures et déposaient de grandes enveloppes de dîme à la fin de chaque mois. D'autres, à cause de leur rang social, ont été élevés aussi vite que leurs positions furent connues par la hiérarchie. L'un des ces frères, haut cadre dans une entreprise des hydrocarbures de mon pays fut élevé Diacre, puis pasteur stagiaire en moins de trois mois de sa présence à l'église. Tellement qu'il donnait à l'église, il perdit les pédales et alla mettre les mains là où il ne fallait pas. Finalement, il n'a pas pu remettre à temps l'argent du gouvernement et il fut licencié de l'entreprise. Ce n'est que lorsqu'il fut licencié qu'il s'est rendu compte du trou dans lequel il est tombé. Finalement, il a quitté l'église.

Un jour de culte, le Seigneur me permis de voir ce frère à l'autel tenir l'édification du peuple. J'ai eu pitié du peuple de Dieu ce jour-là. Que disait-il ? pas de sens. Un autre jour je suis allé me ravitailler à la direction de l'église pour le compte de la cellule de prière que je dirigeais. J'ai rencontré un cas qui semblait difficile à traiter par les serviteurs (Pasteurs, Diacres et Anciens). Un monsieur avait amené sa fille à l'église pour être délivrée. Après plusieurs semaines de suivi, rien de

positif ne semblait pointer à l'horizon pour la délivrance de la fille. Je me suis mis à observer le spectacle. Dès que le chargé du matériel m'a servi, je lui poser des questions sur la santé de la fille malade. Il s'est mis à m'expliquer. Pendant qu'il parlait, le Saint Esprit était déjà en train de me dire ce qu'il fallait faire. Aussitôt, le saint Esprit le poussa à me confier la fille malade. Tout le monde s'écarta et me laissa faire. J'ai directement mis mes doigts dans ses oreilles, elle s'est mise à crier. Tout le monde fut surpris. Finalement l'on me surnomma de "sorciologue". Je leur ai dit que je suis le médecin issu de Jésus. L'Apôtre Paul en route pour Damas, dans *Actes 9 : 3* est le moment où il a reçu son appel. Chaque serviteur devrait être capable de dire et décrire comment il a reçu son appel.
Le Saint Esprit a été libéré, et nous sommes son temple ; ce qui veut dire que Dieu peut nous utiliser pour son service. Mais il faut une formation ; et surtout briser le "moi" qui tonne très fort en soi. Plusieurs serviteurs en se formant peuvent également avoir la grâce que le Saint Esprit permette qu'ils découvrent leur vocation. Lorsque chaque serviteur saura maîtriser les contours de sa vocation, alors chacun regagnera son ministère. Même en tant que chef d'Eglise, il faut savoir reconnaître là où s'arrête ses compétences ; en suite reconnaître là où commences ceux de ses collègues de service. Les Eglises pourront alors avoir des grands scores. Chacun se sentira à l'aise et concerné. Le problème de vocation n'est pas une affaire collective ou par personne interposée comme je l'ai souvent vu dans certaines communautés. Le problème de vocation est une affaire individuelle et personnelle.

Actes 13 :2 "...Mettez-moi à Part Barnabas et Saul pour l'œuvre à laquelle je les ai appelés".

Ce n'est pas le Pasteur doyen qui est apte à placer les gens dans les différents ministères d'une Eglise. Le Saint Esprit seul sait ce qu'il a déposé en chacun de nous. De grâce, quel que soit le grade qu'on reçoit ou qu'on s'est attribué, pour le succès le d'œuvre de Dieu en Christ, laissons les affaires de *"... je crois que le Saint-Esprit peut t'utiliser dans le Ministère de..."*
Dieu étant le seul souverain de ses décisions, il peut, selon sa volonté et pour sa gloire utiliser quelqu'un spécialement pour une affaire spontanée et précise ; dans un ministère autre que celui dans lequel l'on est appelé à exercer. Cela n'exclut pas qu'une telle personne regagne son ministère après sa mission. Pour le bien de la Communauté et du Corps du Christ, ne prêtons plus les idées à Dieu.

Le corps du Christ est un. Mais il est composé de plusieurs membres. Chaque membre est composé de plusieurs organes. Chaque membre occupe une position bien déterminée dans le corps. Le rendement du membre dépend de la santé de ses organes. Les organes quant à eux sont spécifiques pour un mouvement. Le bras ne saurait remplir les fonctions de l'œil. Le désordre qu'on rencontre dans la vocation des serviteurs compromet l'efficacité de l'évangile dans les Eglises et dans la culture Africaine.

***La Déviance 1**

Matthieu 6

6.14

Le roi Hérode entendit parler de Jésus, dont le nom était devenu célèbre, et il dit : Jean Baptiste est ressuscité des morts, et c'est pour cela qu'il se fait par lui des miracles.

Beaucoup de serviteurs ne croient pas sérieusement que Jésus est le faiseur de miracles, de grands miracles. Plusieurs, comme Hérode pensent que seuls les revenant des morts en sont capables de prodiges. La mode dans les pays Africains aujourd'hui est "les prophètes de l'Eternel". Ce sont des serviteurs qui prêchent : la délivrance, la bénédiction, le succès, la réussite, en somme les exploits. Tout le monde applaudit. Tout le monde est content. Les gens qui vont vers eux présentent une satisfaction totale. Ignorants du salut, ils ne se soucient pas de la fin de leur âme. Ces prophètes utilisent et citent également les versets bibliques. En tant que serviteur averti, j'écoute ces serviteurs d'une oreille attentive. J'apprends également beaucoup d'eux. La seule chose qui est inquiétant dans leurs sermons, est le manque des paroles de salut dans tout leur langage. Et, c'est là que vient le danger. En christ, toute action devrait concourir au salut de l'âme. L'ironie dans ces choses est que, les serviteurs qui se réclament de Jésus s'associent à ces serviteurs diseurs de la bonne aventure. Ils travaillent également en étroite collaboration. Je ne veux pas les juger. Je ne fais qu'un constat. Car, Jésus est le seul juge dans le champ de Dieu.

Luc 10 :21-24

En ce moment même, Jésus tressaillit de joie par le Saint-Esprit, et il dit :

je te loue père, Seigneur du Ciel et de la terre, de ce que tu as caché ces choses aux sages et aux intelligents, et de ce que tu les as révélées aux enfants. Oui, père, je te loue de ce que tu l'as voulu ainsi.

Toutes les choses m'ont été données par mon père, et personne ne connaît qui est le fils, si ce n'est le Père, ni qui est le Père, si ce n'est le Fils et celui à qui le fils veut le révéler.

Et, se tournant vers les disciples, il leur dit en particulier : ***heureux les yeux qui voient ce que vous voyez !***

Car je vous dis que beaucoup de prophètes et de rois ont désiré voir ce que vous voyez, et ne l'ont pas vu, entendre ce que vous entendez, et ne l'ont pas entendu.

Les serviteurs de Dieu qui ne sont pas onctionnés par le Saint Esprit, perdent des merveilles qu'ils auraient pu voir et vivre en collaborant avec cet Esprit de gloire. Je n'ai jamais envié les prophètes qui se révèlent de nos jours de fin de temps ; car, le Saint Esprit me fait voir et comprendre des choses que les esprits de prostitutions de ne peuvent révéler.

Il n'y a pas de cela longtemps, après le décès de mon petit frère, en fait il était mon cousin, mais, comme en Afrique nous ne connaissons pas les affaires de cousin, nous nous appelons frères. Après son décès, l'enfant de son petit frère, commença à manifester les signes de possession.

Tombée en ceinte à l'âge de seize ans, elle s'est mise à fuir la maison, à haïr sa maman sans cause. Parfois on la rencontrait à des heures tardives dans des endroits peu compforts. En somme elle nous a donné des sueurs froides.

Sa maman qui ne s'est pas mariée à mon petit frère fut prise de panique. Elle l'a prise et a commencé à l'amener dans les églises où ces prophètes troublent les âmes de Dieu. Dans leur quartier résidentiel, il y a plus de cinq églises dirigées par ces prophètes. Finalement, lorsque le temps d'accoucher s'approcha, son papa décida de l'amener chez moi. Il faut noter que cette enfant, après avoir fait les visites prénatales, a refusé de prendre les médicaments prescrits par les médecins. Comme prétexte, elle voulait qu'on l'amenât dans l'hôpital de son choix (où l'esprit la dirigeait pour la tuer).

Le soir qu'on l'amena chez moi, ses sœurs et frères se sont mis à lui prodiguer des conseils. Malgré cela, étant à genoux, elle essayait toujours d'argumenter. Après un bon temps d'engueulades sans issue, je l'ai prise et l'amena dans ma chambre où je me suis mis à lui poser des questions. Après avoir prié et l'élever à Jésus, les causeries sont devenues sérieuses et engagées. Après une assurance de protection par le Saint Esprit, elle a finalement décidé de mettre à nu tout ce qu'elle avait comme problème (langage spirituel). Quand elle tirait vers la fin de son récit, je pris le sang de Jésus pour lui faire boire, elle prit la peine de mentionner : partout où sa maman l'a amené, on lui fait boire ces choses ; rien ne s'est produit. Alors, je lui ai dit : ici, tu es arrivée au terminus de tous tes problèmes et de tous les ennuis que tu as fait subir tes parents. Dès qu'elle a bu le sang de Jésus, elle s'est mise à se sentir mal à l'aise. Elle a gesticulé de tout côté, à la fin, elle a dit : quelque chose a bougé dans ventre ; et cette chose est couché de façon transversale au niveau du bas ventre. Par cette déclaration, et par expérience, j'ai pu connaître exactement quel sortilège elle faisait face. Ce mal se nomme : le sortilège de la mort par accouchement difficile. Nous sommes dans le pain quotidien du peuple de Dieu et dans les églises, pourquoi ce récit ?

Ce récit est l'une des causes qui introduit le dévoreur des finances dans les familles. Après je lui ai donné le rendez-vous le samedi qui suivait. A ma grande surprise, elle était présente au rendez-vous. Ce fut un pas déjà franchi vers la délivrance. Dans des cas pareils, selon son récit, ce sont des maladies que l'on ne prend pas la peine de chasser le démon. Ici, l'ennemi vient et dépose le mal, puis le contrôle à distance. J'ai donc opté pour la destruction du mal en utilisant uniquement la prière en langue. Pendant que cette enfant souffrait de ce mal, les parents de sa maman ont préconiser que sa maman aille la laisser chez son papa ; mon petit frère. Personne, ni moi, n'avaient compris le pourquoi. C'est au fil du temps, par des prières que le Saint Esprit dévoila l'origine de mal.

En effet, pendant trois semaines de prière, c'est la personnalité de sa grand-mère paternelle qui revenait dans les songes que je vivais. Au début, sa face était voilée, finalement son image devint clair et net.

Lorsque je me suis mis à relater ces faits à son papa, il fut étonné. Je n'ai jamais vécu avec elle dans une même maison, déclara-t-il. Je lui ai dit que ce sont les liens familiaux transgénitaux de contrôle occulte. Ces liens, une fois qu'ils sont tissés, permettent de suivre la personne à la loupe dans tous ses mouvements. Quand bien que la personne aille procréer à des milliers de kilomètres, le sang familial est détecté et il peut être manipulé.

Dans la culture Africaine, les cérémonies de deuil entrainent beaucoup de dépenses. L'assistance boit et mange, des sommes énormes sont dépensées. Dans le cas de cette enfant, s'il arrivait qu'elle décède, les dépenses seraient doubles à cause de la grossesse. Et, c'est son papa qui serait celui qui dépenserait. Une autre source de dépense d'argent : la pauvreté.

Bien que les hommes et les femmes veulent être bénis financièrement, il faut également s'assurer que tout ce qui peut être un frein aux biens financiers doit être éradiqué. Ce sont des épines qu'il ne faut pas négliger. Toutes les révélations et démonstration de puissance que je viens de faire part, n'ont jamais été demandé par moi. C'est le Saint Esprit, maître des opérations et des révélations, qui sait qu'est ce qui est important et nécessaire à faire connaitre. Voyez un peu où était caché le dévoreur, l'esprit de pauvreté. Quel est l'esprit diseur de bonne aventure qui aurait pu aller fouiller une révélation pareille ? il n'y a que le Saint Esprit. Il est le seul Esprit qui produit une richesse financière et matérielle qui mène au salut de l'âme.

Le Ministère de la Parole

Mon Dieu ; un four tout ! Tout est mélangé. L'Apôtre Paul avertit; qu'il n'y ait pas parmi vous beaucoup qui s'empressent d'enseigner. Il le dit en connaissance de cause.

La parole de l'Evangile est la première clé qui ouvre la porte qui mène au salut. Pour quoi ? Parce que rien dans la maison de Dieu ne peut se faire sans la parole. Or, c'est là que beaucoup de dégâts sont commis. Prédication, exhortation, enseignement ; il n'y a presque pas de maîtrise dans la signification et l'utilisation de ces mots. **Dieu n'est pas un Dieu d'à peu près. Notre Dieu n'est pas un Dieu de " essayons voir". Notre Dieu est un Dieu d'exactitude. Un Dieu de beauté, un Dieu d'excellence.** J'écoute souvent certains serviteurs véhiculer des massages pleins de contradictions ; des messages pleins d'hésitations, des messages dans lesquels on ne maîtrise ni le commencement, ni la fin. Parfois des développements sans concordance, pleins de multiples sujets. Je me pose souvent la question : si c'est vraiment son message, s'il s'est réellement apprêté, ou encore comment fait-il pour s'en sortir dans ce cafouillage ? Parfois la langue utilisée n'est pas bien maîtrisée. Comment fera-t-il pour l'explication des mots difficiles? Or, pour toute personne qui se place devant un parterre de personnalité pour une communication, elle doit être imprégnée des méthodes élémentaires de la communication et maîtriser son texte. Elle doit savoir ramener le texte au temps actuel. Ceci nécessite une assise, un recul, une préparation de son message, si possible une rédaction de son message, à défaut des mots clés ou directeurs. Ce sont des mots dits clés qui font le fondement du message. Malheureusement, ce sont ces mots que certains orateurs choisissent de passer dessus ; et à toute vitesse. A la fin du message, c'est l'orateur qui se lève encore et proclame son message de "puissant et plein de révélations". Mais, si l'on essaye de poser des questions sur la compréhension à un membre témoin du message, il répondra "***Ah, c'est Dieu qui a parlé. Que voulez-vous que je vous dise ? vous-mêmes, n'étiez-vous pas là ? Barlok, (malchance) tu veux entendre de ma bouche » ?*** le Professeur Stanislas Meloné au cours d'un entretien déclare : "*il faut ramener le français au niveau zéro*". S'expliquant, il dit qu'il faut ramener le français à un niveau compréhensible à tous.

Je ne vais pas donner l'explication des mots : exhortation, prédication et enseignement ; car je ne donne pas un cours. Je ne fais qu'un constat à partir duquel je lance un cri de détresse pour le service de Dieu en Christ.

Dans **Jérémie 36 :1-2**, la Bible déclare que le prophète Jérémie avait un livre dans lequel les prophéties étaient notées.

Mais ici, chez nous, avec les Chrétiens dites de la nouvelle alliance, tout s'improvise. Rien n'est préparé d'avance ; sous prétexte que c'est le Saint Esprit qui donne l'inspiration. J'ai également vu des serviteurs de Dieu, qui se disent grand dans la foi, venir un dimanche de culte, changer brusquement le message initial sur l'autel. Après une bonne partie de danse pendant les cantiques sous prétexte que c'est le Saint Esprit qui le lui a demandé. Notre Dieu est un Dieu d'ordre. Je me pose souvent la question, pourquoi ne pas s'inspirer de l'ordre observé dans la célébration cultuelle de l'Eglise Catholique ? il est bien vrai que nous sommes pressés et il faut racheter le temps. Dieu qui est le maître du temps ne fait pas une course de vitesse, mais une course de fond dont le but est d'arriver là où il se glorifié sans ambiguïté.

*La Vision

Non pas qu'il y'ait des doutes dans ce que chacun a reçu du Seigneur, mais, c'est la manière de gérer la vision qui inquiète. Ici, le serviteur se comporte en maître absolu. Dieu n'a même pas la parole. Parfois, c'est la volonté du serviteur qui prédomine à 90%. Dieu et son fils deviennent des spectateurs. Par contre lorsque Dieu est mis au premier plan, le Saint Esprit fait des merveilles. Tout marche à 100% ; dans ce cas, on ne force pas, tout coule et descend comme l'eau d'une chute naturelle. L'apport du serviteur dans ces conditions ne se résume qu'en tant qu'instrument.

La vision ne devrait pas faire l'objet d'une rupture entre la parole Biblique et le serviteur. Elle reste et demeure l'expression de la volonté de Dieu pour le salut de tous les hommes en premier lieu, et leur bien-être terrestre en seconde préoccupation.

***La Vision # Du Songe**

Ceci n'est pas une moquerie. J'étais aussi comme toi. Tout se mélangeait dans ma tête. Je ne savais que faire, ni quoi faire pour sortir de cette situation chaotique. Je sais par le Saint Esprit que tu es un vase de pierre comme dans Jean 2. Tu es capable d'être vidé et recevoir cette nouvelle eau qui dessoule ; et que Jésus t'inondera du Saint Esprit. Etant clair, tu dessouleras tes frères et sœurs tout autour de toi. Ainsi, tu apprendras à trouver le bon sens des mots (le bon remède) pour mieux les appliquer au peuple de Dieu et dans l'Eglise. Les deux mots ont chacun une explication différente de l'autre.

La vision est le plan que Dieu fait porter à quelqu'un pour son œuvre. Tel fut le cas de Néhémie (cadre biblique).

Le songe quant à lui est une communication que Dieu fait avec son fils ou sa fille pour l'instruire sur une situation personnelle. La vision se partage. Elle ne saurait être une propriété personnelle. Elle ne peut s'exécuter seul ; tandis que le songe est personnel. Parfois l'ennemi peut utiliser les songes pour faire accepter à quelqu'un une situation qu'il réfute, et vice versa. Les songes peuvent également naître à cause des pensées personnelles.

Il y'a également ce qu'on appelle "les visions". Ici, on peut les subir plusieurs fois au cours d'un sommeil. Elles constituent un envoûtement pour celui ou celle qui en est victime.

Le Ministère de Abraham

Le Ministère de la foi. L'expérience de Abraham dans la foi est sans précédente. Guidé comme un aveugle par le créateur, Abraham a su mériter la confiance de Dieu. C'est ce caractère qui a fait de lui le père de la foi au milieu de la race humaine ; des croyants premièrement.

Le Ministère de Moïse

Très complexe, car renfermement un peu de tout. Par son action, et là où il fut rappelé par Dieu, il est qualifié de libérateur.

La libération consistait à faire sortir le peuple de Dieu de la servitude Egyptienne. Pour cela, il a fallu que le peuple aille hors du pays Egypte, mener leur vie dans la liberté et selon la volonté de Dieu.
La libération des Hébreux ne fut pas seulement physique. Elle a aussi été matérielle et plus ou moins morale. Seule la libération spirituelle fut un peu superficielle à cause de la manière dont Moïse l'a reçue pour les Hébreux.
Le Ministère de Moïse est aussi le Ministère de l'apprentissage à l'obéissance à la voix de Dieu.
Le Ministère de Moïse est également le ministère de la prospérité matérielle des Hébreux.
Dans le ministère de Moïse, il y'a aussi le combat spirituel, la grandeur, la domination et la célébrité.
Lorsque David arrive, il évolue beaucoup dans le combat. Salomon dans son règne s'illustre beaucoup par la richesse, la sagesse, la célébrité et la grandeur.
Le reste des prophètes vont évoluer dans la loi de Moïse et ses préceptes. Ils auront pour but de rappeler au peuple de Dieu à l'ordre : le bon comportement, la bonne moralité envers Dieu et ses préceptes, et beaucoup d'autres choses.
Avec l'arrivée de Jésus, il démontre qu'il regroupe tout en son sein. A cela, il détient l'accomplissement de la parole écrite. L'accomplissement de toutes les promesses de Dieu annoncées par les prophètes. **Il est la plénitude de Dieu**.
Dans les actes des Apôtres, trois évènements majeurs se produisent selon la parole prophétique du Seigneur Jésus :

- Le Saint Esprit est répandu
- L'Eglise du Christ est née
- Les hommes et les femmes sont au service de Dieu, et grâce au Saint Esprit ils accomplissent les miracles du Seigneur Jésus
- Le ministère des malades lorsqu'il est bien organisé, il apporte la prospérité dans l'Eglise. La parole annoncée devient une source de conversion et de salut.
-

Le Ministère de Paul

L'Apôtre Paul déclare dans ***1 Corinthiens 1 :17… c'est pour annoncer l'Evangile,…***

C'est le ministère de la bonne conscience, la moralisation de l'homme, de la femme à l'obéissance dans la marche avec Dieu le créateur. Il est fait pour les croyants nés de nouveau.

Moi, ***je suis un Médecin du Christ. C'est-à dire celui qui se préoccupe de la santé du peuple de Dieu, selon qu'il est écrit. Dans Jean 10 :9 "je suis la porte. Si quelqu'un entre par moi, il sera sauvé ; il entrera et il sortira et il trouvera des pâturages "***

- ***Il sera sauvé : on sera sauvé de tout, même de la pauvreté.***
- ***Il trouvera des pâturages : c'est-à dire trouver de nouvelles opportunités pour une vie meilleure.***

Jean 10 :11 "je suis le bon berger donne sa vie pour ses brebis" la vie que Jésus donne est une vie de plénitude. Elle ne se limite pas dans un secteur quelconque de la vie de ses croyants.

Cette vie a pour finalité le salut. Elle consiste également à mettre à l'aise le croyant : physiquement, intellectuellement, financièrement et matériellement. Et ce n'est pas dans le ministère de Paul que se trouvent les clés de la prospérité, de la domination ni de la célébrité. Toutes ces choses, on les trouve dans le ministère de Moïse.

L'Application de la Bible

Je suis un Dieu qui répond à tous les besoins de mon peuple, quel que soit le temps et le mode. La solution a tout problème de mon peuple se trouve dans le Testament que je vous ai donné : la Bible.

Comme je l'ai dit à Josué :" *C'est que ce livre de la loi ne s'éloigne de ta bouche*". C'est toi qui donneras comme patrimoine à ce peuple le pays que j'ai juré à leurs pères de leur donner. Oui soit fort et très courageux.

Je couvre toutes les dimensions et je détiens la solution à tous vos problèmes selon le temps et selon la mode

Les deux Couvertures de la Bible

Dans toutes les confessions religieuses, l'on devrait toujours trouver un document de base principale. La plupart de temps, ce document est la colonne d'appui et l'existence même de ladite religion. Chez les croyant en Christ, la Bible constitue le fondement et l'existence même de cette religion. Il définit la volonté de Dieu pour le salut et le bien être des hommes et des femmes qui croient en Dieu par Jésus.

Salomon dans sa gesse ne s'est pas directement mis à faire à sa propre initiative. Comme tout bon guide, il s'adresse d'abord à tout Israël au haut lieu qui était à Gabaon, car là se trouvait la tente de la rencontre d'avec Dieu, cette tente que Moïse, le serviteur du Seigneur, avait fait construire dans le désert. La Bible dit que là se trouvait l'autel que cherchait Salomon et le peuple d'Israël.2 chroniques1-7.

Par la suite, Dieu apparu à Salomon.

Salomon sait que personne ne peut sortir de nulle part et s'élever. Il faut toujours avoir un appui. Salomon sait également que, tout ce que ses pères ont fait provenait d'un homme puissamment utilisé par Dieu : Moïse. C'est dans les restes de Moïse que Dieu se révèle en lui. Par la même occasion il reçoit le remplissage de Dieu selon ses désirs.

Les mentores spirituels ou encore le père spirituel, deux personnes à ne pas négliger. Le premier est un ancien dans la fois qui est fait pour guider les pas du nouveau serviteur. Le deuxième est celui qui plante et arrose le nouveau croyant. Les deux personnes ne sont pas forcément fait pour être ensemble dans l'assemblée où persévère le croyant. En suivant les deux personnes, le croyant doit être sage. La sagesse et l'intelligence du croyant doivent amener le croyant à recevoir des deux personnes sans que les deux personnes ne tombent en conflit de paternité.

La Bible chez les Chrétiens, est la parole de Dieu, la volonté de Dieu. Elle présente Dieu. Lorsqu'on la lit, les paroles écrites dessus déclarent que c'est Dieu même qui parle : et on lui doit obéissance.

L'obéissance n'est pas synonyme d'abrutissime. Le lecteur doit réfléchir, analyser chaque mot et groupe de mots qui lui semblent incompréhensibles. Il doit toujours se poser les questions : pour quoi ? quel est message qui est véhiculé ? il s'adresse à qui ? à cette époque où nous vivons, comment le cadrer ?

Lorsque Jésus arrive, il fait la même chose ; la lecture dans le livre du Prophète Esaïe. A la fin, il dit "***... la parole de l'écriture que vous venez d'entendre est accomplie*"**. L'analyse de cette déclaration peut se comprendre à deux niveaux. Il en résulte que :
- tout ce qui est bon est accompli pour les obéissants ; le royaume des cieux dans leur vie (la bonne nouvelle qui libère).
- tout ce qui est mauvais est également accompli pour les rebelles ; ils se condamnent à cause de leur refus.
Jésus qui parle est l'accomplissement de la parole. En d'autres termes Jésus est l'accomplissement des promesses données dans l'Ancien Testament.
Lorsque les prophètes parlent de la part de Dieu, ils déclarent : si vous revenez de vos mauvaises voies et retournez à l'Eternel Dieu, alors, il vous couvrira de ses bénédictions. Mais si vous ne vous détournez pas de vos chemins tortueux, alors la colère de Dieu se déversera sur vous. Les deux paroles sont accomplies.

Puis Jésus parle une fois de plus dans le livre de ***Luc 6 : 31* " *ce que vous voulez que les hommes fassent pour vous, faites-le de même pour eux.*"**.
Les serviteurs de Dieu veulent que ceux sur qui ils ont la charge de conduire et d'entretenir dans la lumière divine de Dieu le créateur les bénisse. Ce qui est bon. Or, eux-mêmes sont incapables d'amener Dieu à honorer sa parole de bénédiction dans la vie quotidienne de son peuple. Les Eglises croupissent dans la pauvreté parce que l'esprit de recherche et d'innovation a disparu. Chacun ne fait que ce qu'il voit son frère faire. On a peur des « qu'en dira-t-on" ? Mon ami, si le Seigneur Jésus avait tenu compte de ces choses, est-ce que toi et moi aurions eu le salut ?
Pour manifester la gloire de Dieu et d'accomplir sa mission, Jésus n'a pas tenu compte des pratiques pharisiennes ou saducéennes. Malgré les critiques, les menaces, Jésus a tenu jusqu'au bout. Finalement, toi et moi bénéficions de sa victoire.
Dans les conventions, dans les séminaires ateliers, lorsque les serviteurs se réunissent pour débattre, ce sont les mêmes conclusions. Parfois, les décisions sont mêmes plus radicales qu'elles ne l'étaient au mépris des besoins du peuple de Dieu ou de la parole biblique.

Pourquoi ?

A les entendre, les serviteurs ne veulent pas se salir. Les serviteurs de Dieu ne veulent pas se dépenser pour le bien du peuple. Les serviteurs de Dieu sont passés

du stade de soldat pour des Généraux. Dans le ministère de Moïse, les rites les plus salissants qu'exécutaient les lévites sont ceux qui apportaient les bénédictions au Peuple de Dieu.
De nos jours, tout le monde aime la cravate. Chacun aime porter le dernier cri à la mode. Tout cela est bon, car c'est la gloire de Dieu. Cependant, nous oublions très vite que nous ne sommes que des soldats arborant la tenue camouflée. Par-dessus tout, le véritable général de cette armée que nous nous revendiquons appartenir est le Seigneur Jésus.
Nombreux sont ceux qui ont taillé la parole évangélique selon leur pensée. Chacun parlera alors de "sa vision pour l'Eglise". Ils oublient que celui qui a donné la vision est un être plein. C'est pour cela que le seigneur Jésus exige de ne rien ne soit retirer ni ajouter. Les serviteurs ne lavent plus le peuple de Dieu. Les rites de purification et des bénédictions quotidiennes ou périodiques de Moïse sur le peuple de Dieu, pourtant bibliques sont devenus la propriété de ceux que nous traitons de charlatans ou d'exorcistes. Moïse était-il aussi exorciste ou charlatan ? Dieu serait-il fou de ne pas effacer le ministère de Moïse de son testament ? Rabaissons-nous, et le maître de la moisson nous élèvera. La bonne élévation est celle qui provient de Dieu. Celle que nous nous attribuons est éphémère.

La Gestion de la Bible dans les Eglises

Du constat fait, ressort une monotonie générale. Ce que fait X est égale près à ce que fait Y. Les serviteurs de Dieu refuseraient-ils que Dieu manifeste ses bénédictions dans la vie quotidienne de son peuple ? Les serviteurs ont peur de perdre certains privilèges charnels. Ce refus fait, qu'au lieu de former des disciples de Christ, ils conservent le peuple de Dieu au stade d'enfant de Dieu. Un enfant de Dieu devant un autre enfant de Dieu, quelle innovation peut-il y avoir ? Dieu est taillé à la dimension des pensées humaines. Cette façon de faire l'œuvre rend le serviteur fainéant et paresseux. Jésus demande de ne rien retrancher, ni ajouter. Jésus dit également que ceux qui ont des oreilles entendent. Ce qui veut dire que ceux qui ont le Saint Esprit ou qui sont dans son œuvre, qu'ils fassent attention de la manière dont ils se prennent dans l'exercice de leur fonction de serviteur de Dieu. Les rétributions seront à la hauteur du travail qu'ils auront abattu.
Si quelqu'un choisit d'être aveugle, alors, ce qu'il choisit lui sourit. Le fait de tailler les mystères des bénédictions quotidiennes du peuple de Dieu dans le service cultuel de l'Eglise, a fini par aveugler les serviteurs. Lorsqu'un serviteur

fait le bilan du nombre de personnes qui sont déjà passés devant lui depuis le début de son sacerdoce, il constate que ses revenus et ceux de l'Eglise sont disproportionnels. Cette conception de l'œuvre réduit le serviteur à l'état de mendicité.
Une fois que cette situation s'installe dans l'Eglise, l'extorsion du peuple devient monnaie courante. Ce qui est marrant est que, malgré cette situation, les serviteurs se refusent d'innover, quoi qu'ils aient tout en leur possession.

La déviance 2

Marc 6 : 14

> *Le roi Hérode entendit parler de Jésus, dont le nom était devenu célèbre, et il dit : Jean Baptiste est ressuscité des morts, et c'est pour cela qu'il se fait par lui des miracles.*

Le monde est difficile à croire. Malgré la présence de Jésus, et le fait que les gens le voient physiquement à l'œuvre à travers ses serviteurs selon les Actes des Apôtres, ils sont difficiles à croire. Le monde est accro aux rudiments utopiques. Dans les Eglises, certains serviteurs croient qu'en utilisant ou en invoquant les esprits de mort, c'est par ces esprits qu'il y aura de grands miracles dans l'Eglise. S'il en est ainsi, ce sont des bénédictions qui ne produisent pas un effet de salut dans la vie des âmes de Dieu.
Certains vont jusqu'à invoquer librement les esprits qui n'ont rien à avoir avec les noms des personnages de la bible. Prenant en particulier une partie du peuple en leur disant que Jésus lui-même prenait ses disciples en particulier pour leur expliquer certaines paraboles. La question que je me pose est de savoir : forme-t-on nos propres disciples ou les disciples de Jésus ? ces âmes que les serviteurs se réclament sont souvent celles qui sont formées pour répandre l'odeur et la vapeur du *serpent ancien* dans l'église. De connivence avec la serviteur, l'église devient un nid d'occultisme.

Donner à César ce qui est à César et à Dieu ce qui est à Dieu

Une expression très populaire. Cependant, beaucoup l'utilise sans savoir ce que contient cette phrase dans sa profondeur. Le monde aime vite prendre ce qui lui appartient. C'est de là que découle toute la loi. En ce qui concerne Dieu, le monde, soit il donne à Dieu ce qui lui appartient, soit il déforme ce qui appartient à Dieu, soit il ignore carrément ce qui appartient à Dieu. Jésus est sauveur, au regard de ce qu'il a fait dans son existence dans la chair et de ce qu'il continue à faire en tant qu'Esprit (Saint Esprit), il va sans dire que seul Dieu peut faire de tels exploits. Jésus est Dieu, pour tous ceux qui croient qu'il peut apporter un changement dans leur vie. De passage sur la terre, Jésus mettait la vie là où il y avait la mort. Jésus mettait la santé là où il y avait la maladie. Jésus mettait l'espoir là où il y avait la désolation. Jésus mettait l'amour là où il y avait la discorde. Par les Actes des Apôtres, il continue à réaliser les mêmes exploits entre les mains de tous ceux qui lui donnent sa confiance. Et, c'est cela qu'on appelle donner à Dieu ce qui est à Dieu ; à savoir lui confier ce que lui seul peut accomplir dans la vie des hommes et des femmes.

La Sainte Cène

Je ne sais le principe qui est appliqué dans certaines Eglises en ce qui concerne la Sainte cène : rien que ceux qui sont baptisés en eau profonde, sont autorisés à prendre la Sainte Cène.

Historique de la Pâque

Tout commence dans le livre d'Exode 12 : institution de la pâque. Après multiple refus du pharaon d'Egypte de laisser partir le peuple Hébreux (neuf fois), afin d'aller louer leur Dieu selon sa loi et ses préceptes. Malgré de multiples miracles, suivis des enchantements, de rivalités de magiciens d'Egypte et de Moïse, Dieu décide de sortir son artillerie lourde

Exode 12; l'Eternel dit à Moïse et Aaron dans le Pays d'Egypte, 2-Ce mois-ci sera pour vous le premier des mois ... parlez à toute l'Assemblée d'Israël ... chaque famille ; un agneau pour chaque maison ... 7- où on en prendra de son sang et on en mettra sur les deux poteaux et sur le linteau de la porte des maisons où on en mangera ... le sang vous servira de signe sur les maisons où vous serez ; je verrai le sang, et je passerai par-dessus vous, et il n'y aura point de plaie qui vous détruise, quand je frapperai le pays d'Egypte ...
30. pharaon se leva de nuit, lui et ses serviteurs,... et il y eut de grands cris en en Egypte. Car il n'y avait point de maison où il n'y eut un mort.
31... pharaon appela Moïse et Aaron... 32 "prenez vos brebis et vos bœufs partez ... et bénissez-moi ".

- Le premier constat est que tous les membres de la famille sont impliqués dans le mystère de la Pâque.
- Toute personne non juive qui considéra la parole de l'Eternel Dieu, et ayant pris refuge dans l'une des maisons des Hébreux est épargnée.
- Le mystère de la Pâque protège tous ceux qui y participent.
- Le mystère de la pâque libère tous ceux qui y participent.
- Tout le monde : les chefs de famille, leurs épouses, leurs enfants, et voire leurs biens comptables entrent également dans cette grâce.

La pâque, la fête de la libération est en l'honneur de l'Eternel Dieu. Jésus n'a pas introduit la pâque. Jésus est l'élément nouveau de la pâque ou encore la révélation de l'Eternel Dieu vis-à-vis de la fête de la libération. Avec Jésus, le peuple de Dieu passe de la libération à la délivrance ; et de la délivrance au salut. En somme l'on obtient la vie. La vie dans tous les compartiments de la vie personnelle. Avec Jésus, le sang des animaux n'est plus d'actualité. Le sang des animaux n'effaçait pas les péchés, il les couvrait. Avec Jésus, et au moyen de son sang, tous ceux qui croient en lui obtiennent le pardon de leurs péchés : la rédemption. Par conséquent, le salut est devenu possible et disponible pour tous ceux qui croient en Dieu par Jésus.

Jésus dit dans Mathieu 26 :28 car ceci est mon sang, le sang de l'alliance, qui est répandu pour plusieurs, pour la rémission des péchés.

- *Pour plusieurs* : sauf par incompréhension dans ce groupe de mot, il n'y a pas spécificité ; ou que c'est uniquement pour certains (les baptisés en eau profonde), déjà que le baptême ne confère pas l'identité d'enfant de Dieu.
- *Pour la rémission des péchés* : lorsque les enfants naissent, viennent-ils au monde avec un cœur nouveau ou avec un cœur ancien ! Ne sont-ils pas liés à la mort par le péché originel d'Adam et Eve, et par le péché héréditaire de conception ?

*Dans **Marc 14 :24***, presque les mêmes mots qui reviennent.

Tous ceux qui se réunissent pour avoir le salut au travers du sang de Jésus, reconnaissent également qu'ils peuvent avoir la solution à leurs problèmes dans ce même et puissant sang. Jésus est un être complet renferment tout en son sein. Souvenons-nous de cette parole de ***Jean 1 : Toutes choses ont été faites par elle, et rien de ce qui a été fait n'a été fait sans elle.***

***Les mystères de la sainte cène**

A la lecture des versets Biblique sortis de la bouche du Seigneur Jésus, la sainte cène : le sang et le corps sont pour toutes les générations.
L'Apôtre Paul dans l'épître aux corinthiens écrit pour résoudre un problème de désordre au sein de la communauté concernant la prise du repas du seigneur. A cet effet, il précise ce que lui, Paul, il a reçu du seigneur Jésus dans 1 Cor. 23. A comprendre la déclaration de Paul, on se poserait la question suivante : Est-ce que toi, tu as reçu du Seigneur la même chose que Paul concernant son repas ? Le Saint-Esprit est celui qui fait croître. Le Saint-Esprit n'ajoute rien à notre intelligence. Il utilise le dépôt intellectuel qu'il trouve en une personne afin d'accroître la connaissance de Dieu en soi pour son propre service.
Voici ce que moi, j'ai reçu du seigneur pendant son enseignement sur le pain de vie et du sang rédempteur. **Jean 6 : 55-56** ... *Car ma chair est une nourriture, et **mon sang un breuvage**. Celui qui mange ma chair et boit mon sang demeure en moi et je demeure en lui.* Si un enfant communie, Jésus ne demeurera -t-il pas en lui ? et, la présence de Jésus lui confèrera la protection ; par conséquent, les maladies vont s'éloigner et les parents pourront épargner de l'argent.
L'analyse faite selon ce j'ai reçu du seigneur par cette déclaration concernant la sainte cène.

***Mon Sang est un Breuvage (*Jean 6 :53-58*)**

6.53

Jésus leur dit : En vérité, en vérité, je vous le dis, si vous ne mangez la chair du Fils de l'homme, et si vous ne buvez son sang, vous n'avez point la vie en vous-mêmes.

6.54

Celui qui mange ma chair et qui boit mon sang a la vie éternelle ; et je le ressusciterai au dernier jour.

6.55

*Car ma chair est vraiment une **nourriture**, et mon sang est vraiment un **breuvage**.*

Lorsque j'ai eu la révélation sur le sang de Jésus, concerne ce que ce sang est capable de faire pour la vie des hommes, je me suis mis à travailler dessus. Plusieurs de mes aînés dans la foi en Christ m'ont porté de sérieux critiques à cause des merveilles qui se produisaient. J'ai été traité de charlatan. Je leur ai directement dit que si je suis charlatan, je suis le charlatan du christ et pour christ.

Un jour, un des aînés dans la foi ayant entendu ce qui passait dans l'assemblée de Christ que je dirigeais, envoya une sœur comme espionne. Ce jour était un dimanche, jour du culte. J'avais pris pour résolution de faire communier le peuple de Dieu chaque dimanche. Le sang de Jésus était préparé en utilisant les feuilles d'oseille (ancienne école). La sœur entra et prit place. Au moment de la sainte, surtout de la prise du sang de Jésus, elle s'avança et fit comme je l'avais recommandé. Après la prise du sang de Jésus, elle a commencé à souler comme si elle avait bu du vin alcoolisé. Pour sortir de la salle, elle demanda l'aide des sœurs qui furent témoin de la cène. Elle déclara qu'elle ne voyait plus. Est-ce qu'on peut l'aider à se réassoir ? ce furent les sœurs qui la fit assoir. Après être reposée, elle s'est levée et partie comme tout le reste. C'est cette sœur qui alla confirmer aux autres la puissance que Dieu manifestait dans son temple, au milieu de son peuple. Je préparais vraiment le breuvage dans le sens du verbe.

Voyez, les soi-disant servantes de Dieu qui viennent espionner la puissance de Dieu dans son église. Que peut recevoir une personne pareille ? si oui que la frappe de la main de Dieu. Quelque temps passé, l'assemblée de cet aîné a perdu tous ses anciens.

- Le breuvage dans la tradition Juive comme dans la tradition Africaine est quelque chose qui s'apprête. On peut soit le mettre au feu en y ajoutant des ingrédients. Il peut également s'apprêter à froid dans la tradition Beti, et même dans la tradition Juive. Le breuvage peut être bu. On peut le prendre en tant que bain (faire des ablutions). Le breuvage peut même faire l'objet de purge.
- Le breuvage n'est pas muet. Le breuvage parle par ses vertus, on rend le breuvage opérationnel dans la vie de ceux qui le consomment.

Après le mystère de la transmutation du pain et du vin, on a devant soi le christ vivant, prêt à écouter les besoins de ses enfants, de ses amis et de ses frères et ses sœurs. Le serviteur qui élève la sainte cène ne représente pas la volonté du peuple devant christ à cet instant. Chacun se retrouve face à son sauveur, face à son avocat. Chaque personne présente parle pour son propre compte à Jésus. Il se défoule, il s'expose, il dit et demande ce qu'il veut. En général, chacun dialogue avec son sauveur et Seigneur. Après que le peuple ait terminé, parce qu'il faut le leur accorder, le Serviteur clôture par une prière d'appui comme Moïse le faisait après la confession du peuple. Le serviteur est le sacrificateur chargé de présenter les péchés et les offrandes du peuple à Dieu.

Jésus dit : *faite-le en mémoire de moi*. La mémoire que chacun a du seigneur Jésus, c'est le sauveur ; le bienfaiteur. La sainte cène libère, elle protège, elle nourrit, elle guérit, elle transforme les cœurs, elle rachète les âmes, elle provoque les effets de repentance, elle provoque les effets de multiplication, les effets d'élévation, de grandeur, de domination, etc. Je préfère que ce soient ceux qu'on appelle vampires, sorciers et que sais-je, qui viennent, qui se précipitent pour communier. Car qui sait si c'est par là qu'ils seront libérés ? parce que la confession et la restitution ne sont pas des choses faciles à exécuter pour la repentance. Tout problème d'un enfant, d'un fils ou d'une fille de Dieu doit trouver une solution dans la parole de Dieu et sa pratique.

Il est temps, et c'est déjà arrivé pour que les bons serviteurs de Dieu en Christ ressuscité s'y mettent au travail. La résurrection effective doit être le partage de tous les membres de l'Eglise du Christ. La résurrection veut dire, changer de vie. Le seigneur déclare que la porte est étroite ; et que seuls les endurants y entrent. Les Eglises se vident de nos jours par ce que les gens sont fatigués de la monotonie. Ce qui est marrant, est que les serviteurs ne vont plus sérieusement devant l'Eternel Dieu pour chercher la solution aux problèmes de son peuple. Les serviteurs ne savent plus observer le peuple. Ils passent plus de temps à dialoguer avec les croyants, écoutant les histoires mansongistes que ceux-ci content à tout moment pour camoufler la réalité qui est dans leur vie. L'observation est l'habileté d'un serviteur à pouvoir lire les problèmes que fait face une personne qui a honte d'étaler sa vie de misère devant le seigneur Jésus. le fait d'accuser les enfants de Dieu de rétrograde n'est pas la solution. Pendant que certains arrivent à l'Eglise étant riches aujourd'hui, demain ce sont eux qui ressortiront pauvres ; disent-ils "*l'Eglise les a ruinées*". Ces personnes sont souvent ceux sur qui les serviteurs de Dieu font reposer le poids des besoins de l'Eglise. Lorsque la source tarit, ces personnes sont qualifiées de pécheurs. "*Son péché l'a finalement détruit*" déclarent les serviteurs. C'est pourquoi Dieu l'a frappé. Finalement, ils se retirent de l'Eglise à cause de sa situation financière dégradante. Après des enquêtes menées auprès de ceux qui ont été victimes de telles situations, ils ont tous presque regagnés la confiance des charlatans et les annonceurs de la bonne aventure. Des cas pareils surviennent parce que ces âmes n'ont pas trouvé dans l'Eglise ce qui peut les encourager de persévérer dans la foi en Christ jusqu'au bout.

Par le mystère de la sainte cène, l'Eglise du christ est capable et est à mesure de résoudre tous les problèmes des enfants de Dieu, et les problèmes des finances de l'Eglise. L'onction (puissance) de Dieu répond à tout. Le corps et le sang de Christ sont l'arme suprême de Dieu. Jésus s'est donné pour répondre à tous les problèmes que font face le peuple de Dieu et son Eglise. Jusqu'à ce jour, la sainte cène demeure le seul mystère que les suppos de Satan et Satan lui-même n'ont pu imiter, ni approcher. C'est l'arme suprême de Dieu. Elle tue l'ennemie, elle libère le peuple de Dieu. Elle libère la vie sociale du peuple de Dieu. Elle libère la vie matérielle du peuple de Dieu. Elle permet au peuple de Dieu d'obtenir les emplois. La sainte cène guérit tout genre de maladie, elle fait ce que le Christ a dit : ***je suis venu pour que mes brebis aient la vie, la vie en abondance.*** C'est par elle que le père est glorifié dans la vie des hommes et des femmes.

***Du Sang, parlons-en**

Après la chute d'Adam et Eve, ils voulurent couvrir leur nudité avec les feuilles de figues (idées des hommes non compatibles aux idées de Dieu). Dieu pour cacher leur nudité tua une bête et leur fit mettre la peau de bête. Ce fut la première fois que Dieu utilise le sang pour protéger l'homme et la femme.

Pendant la libération du peuple Hébreux, le sang fut utilisé.

Pour le salut, le sang du Christ, fils de Dieu fut versé.

En résumé, chaque fois que Dieu apporte la vie au milieu de son peuple, il utilise le sang.

En revivant les épisodes du sang, ce sont les enfants de Dieu qui fournissent le matériel.

Dans Genèse, dans un premier temps, c'est Adam et Eve qui recherchent de quoi se protéger. Dieu n'est venu que pour corriger leur intension en leur fournissant quelque chose de durable. Ce qui veut dire que chaque fois que l'Homme veut prêter des idées à Dieu, il tombe toujours à côté. C'est sur ce faux chemin que tombent tous ceux qui ajoutent leur volonté à la parole de Dieu. Le nombre des âmes dans une Eglise ne fait d'elle une Eglise agréable à Dieu. Mais c'est la qualité des membres qui fait d'une Eglise la gloire de Dieu. L'histoire ne nous enseigne -t-elle pas ? des mille hommes de guerre, seul deux sont entrés.

Dans Exode, c'est le peuple de Dieu qui trouve le nécessaire pour l'occasion.

Dans les Eglises et Assemblées, c'est le peuple qui (la bourse que tenait Judas) donne à Christ.

Dans les trois cas, le serviteur de Dieu n'est pas impliqué. Il fait déjà office de sacrificateur.

La manière dont on procède dans les Eglises de nos jours est un blocage pour le progrès de l'Eglise. Cela empêche le chrétien de devenir mature. Dieu a tout établit. Personne n'osait se présenter chez Moïse les mains vides ; chaque enfant de Dieu connaissait ce qu'il devait apporter selon ses désirs et selon ce qu'il possédait. Dieu n'a jamais changé dans son comportement.
La loi n'a jamais été modifiée. Sauf l'amendement apporté sur le sang des animaux par rapport au sang de Jésus qui est devenu la victime expiatoire des péchés (le rachat).
La souplesse (légèreté) des serviteurs de Dieu est donc à l'origine des difficultés que connaît l'Eglise du Christ et ses membres.
Dans les quatre Evangiles, le Christ parle du produit de la vigne. Il ne parle pas du jus de raisin ou encore du jus d'oseille (foléré), ou encore tout autre jus de couleur rouge provenant d'une plante quelconque. Même si ce produit provient de la vigne, il doit être de couleur rouge.
Le sang de Jésus a toujours fait des merveilles chaque fois qu'il a toujours été utilisé par Dieu. Puisqu'il a donc laissé tout cet arsenal entre les mains des hommes, pour le bien de son Eglise et de son peuple, pourquoi ne pas s'en servir à bonne et séance ?
La dénaturalisation des choses saintes est également à l'origine des faibles scores, et de l'inefficacité de l'Eglise dans certains domaines de la vie du peuple de Dieu et même de l'Eglise.

*Le Pain de vie

Le pain est un produit fini qui a subi des transformations. Ce n'est pas le macabo, ce n'est pas l'igname, ce n'est non plus le plantain. Le pain est le produit fini d'une plante : le blé. Pour arriver à la consommation, beaucoup d'ingrédients ont contribué à la confection du produit final. On ne voit pas à l'œil les ingrédients qui ont été introduits. C'est pendant la dégustation qu'on peut évaluer son goût. Il en est de même pour toute personne qui veut entrer dans le service de Jésus, il devrait être préparé et transformé par Jésus le chef et le maître des vies des âmes de l'Eternel Dieu. Pour que les vertus que possède le pain de vie soient le partage particulier du serviteur, il faut que ce serviteur soit d'abord brisé par Jésus comme le pain de vie l'est souvent avant sa prise. Il existe également des serviteurs qui ne sont même pas agréables à Christ dans son service.

Par le pain de vie, l'on déchire l'ennemi. Par le pain de vie, l'on ouvre les portes fermées. Par le pain de vie, on ouvre les portes des cieux. Par le pain de vie, l'on révoque les malédictions, l'on détruit les résistances. Par le pain de vie, l'on bénit. Avant mes études, je discutais l'œuvre de Dieu avec Dieu. Je disant comme tu le parles aujourd'hui, " *je fais l'œuvre de Dieu* ". Quand je me suis rendu compte que c'est Dieu même qui fait son œuvre, j'ai pris la place qui me revient. Je ne suis qu'un simple ouvrier qui ne peut être rendu inutile que par celui qui a mis en place son œuvre. Moïse, Aaron et les lévites ne se gênaient pas. Dieu avait déjà tout mis en place. Ils ne faisaient que suivre les instructions de l'Eternel, et tout coulait aisément.
Si nous demeurons avec des cravates attachées au cou derrière les autels, sans laver le peuple de Dieu, alors nous aurons toujours des demis disciples pour Christ. Des personnes qui serons toujours de la grande cour et qui finiront par devenir des épines à nos pieds.

***L'Huile d'Onction (huile Sainte)**

Une autre catastrophe. Le frère Zacharias T. Fomom dans son livre "un cœur nouveau" déclare : *le pentecôtisme tue*. Les Eglise dites de réveil se réclament de la pentecôte ; d'où le pentecôtisme. Il est finalement devenu un mouvement dont les principes, selon les adhérents seraient d'office sauvés. Elles aussi croient qu'elles ont cerné Dieu dans sa dimension éternelle. Les critiques qu'elles portent aux autres Eglises pour leurs pratiques sont les mêmes qu'elles en font. Les Eglises issues de la pentecôte ont également taillé la Bible à la limite de la pensée humaine : là où la sagesse de l'homme s'arrête. Ces serviteurs oublient que là où la sagesse de l'homme s'arrête, c'est là que commence la sagesse de Dieu.
Les Eglises dites de pentecôte ont renvoyé l'Ancien testament aux archives. L'Ancien Testament est pour ces Eglises comme un document dont on s'en sert pour évoquer des souvenirs ; oubliant que c'est là que tout commence. L'on ne peut accéder à la grâce sans passer par la loi. Si on demande à un croyant dans ces Eglises d'énumérer les dix commandements, il serait à cout sur, entrain de gratter la tête. La grâce n'est que la conséquence de la loi. La loi est tout un code de prescriptions, d'observations que les hommes et les femmes doivent étudier et bien assimiler.
La grâce est venue rendre l'être humain capable de résister aux effets désastreux de la loi. Ces effets désastreux ne peuvent être évités que lorsqu'ils sont connus

d'avance. Lorsque la loi est maîtrisée, alors, on peut déjà commencer à goûter les merveilles de la grâce. Je ne me suis jamais pressé de baptiser quelqu'un ou d'élever quelqu'un au rang de serviteur confirmé sans qu'il n'ait maîtrisé la loi. Les préceptes de la loi influencent la grâce. Les Eglise dites de pentecôte ont tout coupé. Elles ont rejeté le livre d'***exode 30 :22 -38***. Ces versets décrivent clairement la composition de l'huile sainte. Jésus n'a pas introduit l'affaire d'huile dans la Bible. Il a plutôt apporté une correction dans l'utilisation. L'affaire d'huile sainte existe depuis le temps de Moïse, et elle à une composition spécifique.

Lorsque Jésus recommande aux disciples de prier sur les malades en les oignant d'huile. Jésus se referait à l'huile sainte selon la recommandation faite par Dieu et transmise à Moïse. Lorsque les Apôtres arrivent parmi les brebis perdues de la maison d'Israël, tout le monde s'empressait de leur apporter des huiles rares pour la composition de l'huile sainte. *Il est à rappeler que l'huile d'olive n'est qu'une partie la composition de l'huile sainte ; et ne représente qu'une mesure de la quantité d'un poids* total de la composition de l'huile sainte. L'huile d'olive utilisée seule, sert à l'alimentation des lampes. L'aveuglement qui frappe les serviteurs des Eglises dites de pentecôte est tel qu'ils ne remarquent pas que l'huile d'olive soit la dernière citée par l'Eternel Dieu dans la composition de l'huile sainte.

Deuxième remarque, sa quantité est de faible proportion ; dérisoire par rapport à tous les intrants de cette composition. Or, si nous nous réclamons d'être la tête, comment parton-nous utiliser la queue d'une composition d'un ensemble d'éléments ?

De nos jours, on voit que les personnes adeptes des sectes pernicieuses se frottent à l'huile d'olive sanctifiée dans les Eglises dites de réveil. J'ai même vu certaines de personnes adeptes de l'occultisme donné l'huile d'olive aux serviteurs des Eglises dites de réveil pour bénir et aller l'utiliser dans leur congrégation.

Dans le livre d'***exode 30 :22-38***

L'Éternel parla à Moïse, et dit :

30.23

Prends des meilleurs aromates, cinq cents sicles de myrrhe, de celle qui coule d'elle-même ; la moitié, soit deux cent cinquante sicles, de cinnamome aromatique, deux cent cinquante sicles de roseau aromatique,

30.24

cinq cents sicles de casse, selon le sicle du sanctuaire, ***et un hin d'huile d'olive.***

30.25

Tu feras avec cela une huile pour l'onction sainte, composition de parfums selon l'art du parfumeur ; ce sera l'huile pour l'onction sainte.

L'Eternel Dieu recommande qu'une simple personne ne s'approche pour inhaler sous peine de mort. Quand je fais souvent la composition d'huile sainte, les encens et les parfums, après les avoir élevés à Dieu, je m'oins d'abord, en suite les malades. Le constat est clair, aucun adepte des ténèbres ne foule mes cent mètres. Même constat chez les fils et les filles de Dieu que j'ai oint.

J'étais au chevet d'un malade dans sa maison, j'ai fait la prescription des huiles rares pour la composition de l'huile sainte. A la fin de ma commande, elle a insisté sur l'achat d'une autre bouteille d'huile d'olive. Ce qui lui fut accordé. Lorsque les deux bouteilles d'huile furent sanctifiées et bénies, j'ai pris congé d'elle. Un mois après, elle m'a redonné de l'argent pour l'achat d'une nouvelle bouteille d'huile d'olive. Comment as-tu fait pour vite finir la première ? *C'est ce que tout le monde utilise pour s'oindre* ; m'a-t-elle répondu. Malgré mon insistance à l'utilisation de l'huile sainte pour ses bains d'huile pendant mon absence, elle a refusé. En fin, elle a fini par déclarer : *pour te dire la vérité Benoit, nous avons peur de cette huile-là.* En conclusion une huile sainte digne de ce nom ne peut être disposé à l'utilisation anarchique de n'importe qui ; car Dieu même veille à sa parole.

La Source du Succès

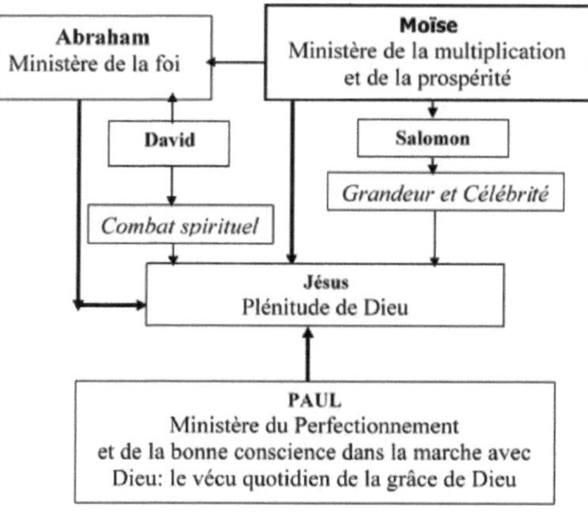

En application de ce schéma dans le service cultuel de l'Eglise, les serviteurs sont à coup sûr de mettre le peuple de Dieu au-dessus des velléités du mysticisme Africain, qui de nos jours continue à confisquer le pain quotidien du peuple de Dieu.

Moi-même ; je suis dans les affaires, la première expérience a été faite sur moi-même et sur mes entreprises.

Le constat fait lorsque je sillonnais les différentes confessions religieuses chrétiennes du Cameroun : chacune des Eglises se comporte à l'opposé de ***Matthieu 5 : 17-20*** *Ne croyez pas que je sois venu abolir la loi ou les prophètes ; Je suis venu non pour abolir, mais pour accomplir. Car, je vous le dis en vérité, tant que le ciel et la terre ne passeront point, il ne disparaitra pas un seul iota ou un seul trait de la loi, jusqu'à ce que tout soit accompli.*

La faiblesse des congrégations vient aussi du fait qu'elles n'utilisent pas toutes les ressources de la Bible. Comme conséquence, certains secteurs de la vie du peuple de Dieu ne sont pas touchés par l'onction salvatrice du Christ. Les serviteurs doivent savoir que l'affaire du pain quotidien n'est pas un problème à négliger. Après le salut, le problème de subsistance est le second dont les serviteurs doivent s'y attarder. Evitons au peuple de Dieu de repartir vers ceux qu'ils ont déjà tourné le dos.

A l'exception du sacrifice des animaux que Jésus est venu remplacer, l'application du Ministère de Moïse dans la vie du peuple de Dieu procure : la fécondité dans les affaires, la célébrité dans les entreprises, la grandeur dans la vie, la domination dans son milieu d'action. Tout ceci rend la vie agréable et on devient un ami sûr de Dieu. On a le Goût de demeurer dans l'Eglise du Christ.

Dans chaque Eglise chrétienne où entre un homme, une femme, s'il croit en Christ, il reçoit le salut ; et la confiance renaît. Le monde aujourd'hui, faut pas le cacher, est caractérisé par le matérialisme. Le peuple de Dieu mène sa vie dans ce même monde. Il est donc également sensible à tout ce qui se passe dans ce même monde. Le tout n'est pas de recevoir le salut, mais il faut également gérer ce salut quotidiennement. Quelqu'un dira : tu as le salut, moi j'ai l'argent. Que mangeras-tu ? Ton salut !

Dans la première parole de bénédiction de Dieu sur l'homme et la femme, il dit dans ***Genèse 1 :28*** Dieu les bénit, et Dieu leur dit : ***Soyez féconds, multipliez, remplissez la terre, et l'assujettissez ; et dominez sur les poissons de la mer, sur les oiseaux du ciel, et sur tout animal qui se meut sur la terre.***

Cette prophétie ne peut être accomplie dans la vie des hommes et des femmes si et seulement si toutes les conditions de la parole sont réunies ; c'est ce qu'on appelle les œuvres du Chronos.

Jésus est tout.

Les Chrétiens doivent sortir des idées de pauvreté. Les Chrétiens ne comprennent pas exactement de la pauvreté dont parle Jésus. C'est la pauvreté de cœur que parle la parole. C'est-à-dire ne pas envier à autrui, mais il faut travailler pour arriver à ses fins, dans la justice. Un grand évêque de l'Eglise Catholique dans notre pays, avant de mourir, a modifié une partie de la prière du chapelet. A l'endroit où l'on avait l'habitude de dire "en mémoire de la naissance pieuse de Jésus, nous refusons les richesses matérielles de ce monde" il a dit : *nous devons accepter les richesses de ce monde et les acquérir. Car, il s'est fait pauvre pour que nous soyons riches*. Cet évêque s'est mis à développer ce passage au cours d'une messe. J'ai finalement compris que même eux, ils sont sensibles aux problèmes sociaux du peuple de Dieu (le pain quotidien,).

La Bible a la solution à tout besoin des croyants. C'est une richesse inépuisable pour qui s'y frotte. On trouve tout ce qui peut apporter et produire le bonheur de l'homme et de la femme dans leur environnement. Oublier ou ne pas reconnaître une partie ; c'est porter préjudice au développement du peuple de Dieu par conséquent au développement de l'Eglise.

Pendant ma formation, on m'a appris à écouter et à observer. Tout ce que je constate à la mode pour le monde, je le cherche dans la Bible, afin de l'appliquer selon l'autorité de Dieu sur son peuple. Je le fais pour éviter au peuple de Dieu de repartir vers les diseurs de la bonne aventure. C'est également pendant ma formation que j'ai compris que, malgré les révélations de Dieu, si l'on n'est pas préparé, on ne peut aller loin.

Equation de la bénédiction : **Opportunité + préparation = bénédiction**. Si les serviteurs de Dieu ne sont pas capables d'apprêter le peuple aux bénédictions, comment fera le peuple pour entrer en possession de leurs bénédictions ? Le manque de connaissance fini toujours par rendre le serviteur malheureux, pauvre et agressif.

Une autre chose que j'ai constatée dans les Eglises dites de réveil ; elles concentrent 80% des prières sur le combat spirituel. Dans ce combat spirituel, 60% de ce combat spirituel sont consacrés à la destruction des esprits. Or l'affaire des esprits est une affaire qui concerne le Seigneur Jésus. Les prières de bénédictions sont de très courte durée ; alors que l'on devrait beaucoup s'attarder dessus. C'est encore une ruse de l'ennemi. L'ennemi détourne les consciences du peuple de Dieu de la recommandation du Seigneur Jésus ***: demander, jusqu'à maintenant vous n'avez rien demandé.***

Le problème du peuple de Dieu n'est pas contre les esprits, mais c'est avec Jésus. Le jour où le peuple apprendra à élever leurs désirs à Christ, la bénédiction de Christ descendra et écrasera la malédiction ; quelle que soit la malédiction ; quel que soit le secteur de la vie du peuple qui en est touché. La toute première parole que Dieu dit en faveur de l'homme et de la femme, est une parole de bénédiction. Ce qui veut dire que la ***bénédiction*** est supérieure à ***la malédiction.***

Lorsque j'ai fermé l'Eglise en 2004 pour partir à l'école, beaucoup de mes collègues m'ont trouvé ridicule. D'autres m'ont posé des questions telles que : comment vas-tu désormais vivre sans dîmes, sans offrandes et tous les avantages qu'offre la position de leader ? la période qui sépara ma sortie d'école et du temps de mettre sur écrit ces résultats de recherche, j'ai d'abord perdu mon emploi. Trois mois plus tard, c'est mon épouse qui m'a quitté. Elle m'a laissé avec cinq enfants. Aujourd'hui, je n'ai aucun regret. Depuis ma sortie de l'école, ma vie personnelle a considérablement changé. Mes activités sont prospères. Les chrétiens que je reçois repartent satisfaits. Ils rendent des témoignages à tout vent. Comme pour dire, tout ce qui arrive à un fils de Dieu concoure toujours à son bien. Le départ de mon épouse de ma vie a permis à ce que je me mette à faire des recherches sur les problèmes que vit l'Eglise de Dieu et son peule.

Oser Dépasser les Limites

Les Eglises ne devraient pas seulement se limiter à opérer des guérisons miraculeuses. Elles devraient aussi s'atteler à rendre possible au peuple de Dieu l'accessibilité au pain quotidien (prospérité financière, prospérité matérielle, succès dans les affaires et les entreprises). Elles devraient procurer au peuple de Dieu des grandes ouvertures dans leurs entreprises. Elles devraient faire obtenir au peuple de Dieu les faveurs des hommes et des femmes dans le monde actif du travail et des affaires. Le peuple de Dieu ne devrait pas faire l'objet de rivalité. Il devrait tout ravir et s'étendre. Pendant mes études, à l'Institut des Sciences Bibliques, vu la diversité des congrégations au sein de l'établissement, la directrice a pris l'habitude de dire qu'elle préférait être Bibliciste. Plus elle répétait ce mot, plus la méditation devenait profonde en moi. Finalement, le Saint Esprit m'a convaincu et m'a donné le courage de changer de comportement, et d'appliquer toute la Bible pour le service de Dieu. En suite aller au-delà de l'Eglise : c'est-à-dire, travailler dans le champ de Dieu.

Observations

*Les paradigmes

Les gens ont souvent peur des changements, parce que ceux-ci ramènent toujours tout le monde au même niveau. Or, dans le Seigneur, seul l'humilité peu nous rendre très utile entre ses mains, et pour son œuvre. Les serviteurs doivent savoir que l'œuvre n'est pas la leur ; c'est l'œuvre du Seigneur. Par sa grande commission, il nous demande d'être des **Eglises conquérantes**. Depuis la pentecôte, l'Eglise du Christ ; ce ne sont pas les quatre murs du temple, c'est chacun de nous qui se réclame de son appartenance. Pour y parvenir, les Eglises doivent sortir de la monotonie, sortir des visions égoïstes et de la peur. Les Eglises, les serviteurs de Dieu doivent apprendre à épouser la vision Bibliciste de l'Eternel Dieu. C'est de là que découlent toutes les visions que les uns et les autres peuvent se prévaloir aujourd'hui.

Un jour, dans l'application des résultats de mes recherches, j'ai reçu une fille de Dieu. Elle faisait face à deux problèmes.

-Son mari est parti en Europe depuis quatorze ans, elle désirait son retour.

-Elle veut également entreprendre dans du commerce.

Selon ses dires, elle déclarait que l'on a dit qu'elle ne pourra jamais prospérer. J'ai donc lancé un défi aux dires des gens de ce monde. Je ne chasserai pas celui qui trouble ta vie. Par la bénédiction du Seigneur Jésus, il va être écrasé. A ce moment-là, je recevais encore dans ma maison. La fille a fait des vœux. Nous nous sommes mis au travail. Les huiles rares et les parfums que j'avais en ma possession, m'ont permis de faire la composition de l'huile sainte et les parfums selon *Exode 30 : 22-38*. J'ai prié sur l'eau, sur les huiles et les parfums, j'ai mis le tout dans l'eau. Je lui ai donné pour le bain pendant sept jours. Deux semaines après, elle a reçu le premier coup de fil directement de son mari. Alors que Celui-ci ne l'appelait plus. Il n'appelait que les enfants à l'insu de leur maman. A la troisième semaine son mari est arrivé à Douala au Cameroun, où il a encore passé une semaine. Finalement, son mari est arrivé à Yaoundé où ils passèrent plus d'un mois ensemble. Il est à noter également qu'avant l'arrivée du mari de la fille de Dieu, celui qui se présentait comme homme fort dans sa vie a d'abord été effacé de la surface de la terre.

Le miracle, n'est pas pour demain, c'est à l'instant où l'on parle. Dieu ne dort, et il n'est pas en voyage pour attendre son éventuel retour afin d'avoir la solution à un problème donné. Il veille comme une sentinelle, prêt à accomplir sa

parole au milieu de son peuple. ***Je n'ai ni argent, ni or ; mais ce que j'ai, je te donne : au nom de Jésus lève-toi et marche***.
Prononcer ces paroles, n'a pas pris trente secondes à Pierre.

Un enfant ne peut se laver seul. Quand bien même il le fait, ce n'est pas très commode. C'est le serviteur qui a la charge d'ouvrir le ciel sur le peuple de Dieu.

Solutions

*La Source

La Bible est une source intarissable des idées et des solutions aux problèmes du peuple de Dieu. Les solutions dépendraient donc des besoins pressentis des assemblées et des Eglises. L'efficacité des résultats dépendrait également de la connaissance du serviteur, de la relation du serviteur avec le Saint-Esprit et de sa vocation. Son ouverture aux réalités du monde qui est le champ de Dieu. La parole demeurera toujours la solution qui coifferait le reste des solutions. Le serviteur de Dieu ne doit pas avoir peur de dire la vérité à une âme de Dieu qui sollicite la faveur de Dieu. Dieu ne bénirait jamais une poubelle. La vérité est souvent difficile à avaler ; et, la parole dit que seule la vérité affranchie une âme. L'âme qui veut vivre les faveurs de Dieu doit connaître la vérité sur sa vie de pécheresse pour qu'elle soit libérée et affranchie.
Enseigner au peuple de Dieu la loi de Dieu, pour que la parole ne soit plus un sujet d'escroquerie ou un objet de critique. Mais, que la parole de Dieu redevienne une conviction pour le peuple de Dieu face à leurs besoins et aux réalités de la vie.

*Les Détails

Dieu aime les détails. Dieu aime l'exactitude. Dieu ne fait pas foule avec les humains, mais il soutient la cause fondée sur sa volonté. Les foules n'influencent pas la volonté de Dieu. Dieu aime son modèle. Dans *Exode 25 : 40*, il dit à Moïse aie ***soin d'exécuter tout ce travail exactement selon le modèle qui t'a été montré sur la montagne***. Dieu veut que nous soyons ses imitateurs dans l'exactitude et obéissants dans ses instructions.

***Comportement et Qualité**

Dans *Luc 6 : 2*, plusieurs personnes étaient devant le Seigneur Jésus. Tous se réclamaient vouloir servir Dieu. Mais, le Seigneur Jésus a porté son choix uniquement sur douze, auxquels il a donné le nom d'Apôtre.
Dans *Jean 6*, ils se sont levés plus de soixante-dix pour le service de Dieu. Lorsque survint la réalité sur les révélations divines, cinquante-huit se sont retirés. Dans ces facettes, Dieu nous montre que le royaume des cieux n'est pas une poubelle où ceux qui ont raté la vie vienne se cacher. Le royaume des cieux n'est pas un refuge des hiboux, ni de serpents. Le royaume des cieux est un lieu de sainteté. Pour y entrer, il faut un sérieux renoncement de soi-même. Après le choix des douze, le travail que le Seigneur Jésus a opéré dans la vie de chacun d'eux fut un changement définitif en leur donnant le titre d'Apôtre. De même que le Seigneur Jésus les prenait à part en particulier, de même l'Eglise constitue ce monde à part où l'on devrait former le peuple de Dieu à l'éducation en Christ. A défaut d'en faire des hommes et des femmes des Apôtres, amenons-les à devenir des disciples du Christ. Qui sait, si parmi eux, il y a des femmes et des hommes que Dieu utiliserait puissamment pour son œuvre et qui peuvent réussir là où nous avons échoué ?

Etre méritant de la prospérité de Dieu serait une affaire des hommes et des femmes mûrs. Des femmes et des hommes affranchis de toute cupidité et de tout égoïsme. Des femmes et des hommes qui ont renoncés à eux-mêmes. Depuis toujours, c'est le combat que les femmes et les hommes tentent de mener pour obtenir la plénitude de l'amour de Dieu.

Certaines personnes pensent que ce soit Dieu qui devrait se plier à leurs exigences ; ce qui est impossible. Tant que Dieu restera la cause de l'élévation des femmes et des hommes, ce serait aux femmes et aux hommes de se plier à sa loi et à ses principes. Pour ce faire, il faut un travail de fond. De là, naîtra un produit de qualité.

Paul, écrivant à son fils dans *1 Timothée 3 :10 que leur sérieux et engagement soient éprouvés d'abord.* Car Dieu bénit ses fils et filles pour sa gloire et pour répondre aux besoins de son Eglise.

De même que les bonnes œuvres sont manifestées, de même celles qui ne le sont pas ne peuvent pas rester cachées.

La compassion

La compassion ne devrait pas faire seulement l'objet ou le sentiment du serviteur. Le patient devrait être la personne qui présente le plus de caractère disponible, afin que, ce qui va être fait soit une grande bénédiction. Une grande bénédiction pour lui, pour le corps du Christ, et un grand témoignage pour le peuple de Dieu.

***Le ministère d'aide**

Deutéronome 30:1-20

30.1

Lorsque toutes ces choses t'arriveront, la bénédiction et la malédiction que je mets devant toi, si tu les prends à cœur au milieu de toutes les nations chez lesquelles l'Éternel, ton Dieu, t'aura chassé,

30.2

si tu reviens à l'Éternel, ton Dieu, et si tu obéis à sa voix de tout ton cœur et de toute ton âme, toi et tes enfants, selon tout ce que je te prescris aujourd'hui,

30.3

alors l'Éternel, ton Dieu, ramènera tes captifs et aura compassion de toi, il te rassemblera encore du milieu de tous les peuples chez lesquels l'Éternel, ton Dieu, t'aura dispersé.

30.4

Quand tu serais exilé à l'autre extrémité du ciel, l'Éternel, ton Dieu, te rassemblera de là, et c'est là qu'il t'ira chercher.

30.5

L'Éternel, ton Dieu, te ramènera dans le pays que possédaient tes pères, et tu le posséderas ; il te fera du bien, et te rendra plus nombreux que tes pères.

30.6

L'Éternel, ton Dieu, circoncira ton cœur et le cœur de ta postérité, et tu aimeras l'Éternel, ton Dieu, de tout ton cœur et de toute ton âme, afin que tu vives.

30.7

L'Éternel, ton Dieu, fera tomber toutes ces malédictions sur tes ennemis, sur ceux qui t'auront haï et persécuté.

30.8

Et toi, tu reviendras à l'Éternel, tu obéiras à sa voix, et tu mettras en pratique tous ces commandements que je te prescris aujourd'hui.

30.9

L'Éternel, ton Dieu, te comblera de biens en faisant prospérer tout le travail de tes mains, le fruit de tes entrailles, le fruit de tes troupeaux et le fruit de ton sol ; car l'Éternel prendra de nouveau plaisir à ton bonheur, comme il prenait plaisir à celui de tes pères,

30.10

lorsque tu obéiras à la voix de l'Éternel, ton Dieu, en observant ses commandements et ses ordres écrits dans ce livre de la loi, lorsque tu reviendras à l'Éternel, ton Dieu, de tout ton cœur et de toute ton âme.

30.11

Ce commandement que je te prescris aujourd'hui n'est certainement point au-dessus de tes forces et hors de ta portée.

30.12

Il n'est pas dans le ciel, pour que tu dises : Qui montera pour nous au ciel et nous l'ira chercher, qui nous le fera entendre, afin que nous le mettions en pratique ?

30.13

Il n'est pas de l'autre côté de la mer, pour que tu dises : Qui passera pour nous de l'autre côté de la mer et nous l'ira chercher, qui nous le fera entendre, afin que nous le mettions en pratique ?

30.14

C'est une chose, au contraire, qui est tout près de toi, dans ta bouche et dans ton cœur, afin que tu la mettes en pratique.

30.15

Vois, je mets aujourd'hui devant toi la vie et le bien, la mort et le mal.

30.16

Car je te prescris aujourd'hui d'aimer l'Éternel, ton Dieu, de marcher dans ses voies, et d'observer ses commandements, ses lois et ses ordonnances, afin que tu vives et que tu multiplies, et que l'Éternel, ton Dieu, te bénisse dans le pays dont tu vas entrer en possession.

30.17

Mais si ton cœur se détourne, si tu n'obéis point, et si tu te laisses entraîner à te prosterner devant d'autres dieux et à les servir,

30.18

je vous déclare aujourd'hui que vous périrez, que vous ne prolongerez point vos jours dans le pays dont vous allez entrer en possession, après avoir passé le Jourdain.

30.19

J'en prends aujourd'hui à témoin contre vous le ciel et la terre : j'ai mis devant toi la vie et la mort, la bénédiction et la malédiction. Choisis la vie, afin que tu vives, toi et ta postérité,

30.20

pour aimer l'Éternel, ton Dieu, pour obéir à sa voix, et pour t'attacher à lui: car de cela dépendent ta vie et la prolongation de tes jours, et c'est ainsi que tu pourras demeurer dans le pays que l'Éternel a juré de donner à tes pères, Abraham, Isaac et Jacob.

Lorsque les hommes et les femmes viennent du dehors, c'est-à dire hors de l'église établie par Christ depuis le pentecôte et bâtie par Pierre, c'est parce que la vie dans le champ a été au-dessus de leurs capacités : capacité physique, capacité morale, capacité financière et capacité matérielle. Ces personnes portent en eux des stigmates d'échec et de déception. Les consciences de ces personnes sont comme des outres vieillies qui ne peuvent plus rien porter de nouveau. La première des choses qu'il faut appliquer dans leur vie est le changement de conscience d'échec pour les consciences de victoire. C'est ce que Jésus appelle les outres nouvelles.

Marc 2

2.21

Personne ne coud une pièce de drap neuf à un vieil habit ; autrement, la pièce de drap neuf emporterait une partie du vieux, et la déchirure serait pire.

2.22

Et personne ne met du vin nouveau dans de vieilles outres ; autrement, le vin fait rompre les outres, et le vin et les outres sont perdus ; mais il faut mettre le vin nouveau dans des outres neuves.

Les consciences d'échec doivent être totalement séparées des consciences de victoire que Jésus donne. Arrivée dans l'église, c'est pour apprendre une nouvelle vie, celle du Christ vainqueur. En acceptant de se soumettre au nouveau maître, c'est accepter de changer de mentalité. Sortir celle des échecs pour celle des victoires. Jésus est vainqueur selon les écrits bibliques ; et c'est cette victoire que les hommes et les femmes viennes chercher chez Christ.
La question du pain quotidien du peuple de Dieu ne doit donc pas être un fait de faveur ou d'apitoiement pour les serviteurs en vers le peuple. C'est un devoir de l'église et une nécessité pour résoudre les problèmes de stabilité des âmes dans l'église. Le serviteur étant instruit sur les questions de la loi du donner et du recevoir, il devrait avant tout enseigner ces principes au peuple de Dieu. Le peuple de Dieu meurt pour faute de connaissance. Mettre la crainte de Dieu dans le cœur des gens est un impératif pour la conservation et la protection des biens acquis. Le fait de recevoir n'a jamais été un acquis, mais le fait de savoir conserver qui

est un acquis. Même le monde nous enseigne qu'il est plus facile d'arriver au sommet, mais difficile de se maintenir.
Le plus grand ministère de la foi en Jésus, le ministère d'aide a besoin des hommes et des femmes qui peuvent se surpasser. Des hommes et des femmes qui peuvent et sont capables de braver le froid et le chaud quand il faut remettre à Jésus ce qui lui revient de droit. C'est ici que retrouve l'expression totale de Paul : soyez mes imitateurs. Les imitateurs de Paul ne sauraient être des enfants au lait ; mais des hommes et des femmes prêts à passer au travers du feu des épreuves et d'en sortir vainqueurs dans la victoire de Jésus.
Dans la recherche des faveurs de Dieu, il existe deux catégories de personnes : ceux qui cherchent uniquement les biens terrestres ; ceux qui cherchent le salut et les biens terrestres pour être à l'abris du besoin.

- ceux qui cherchent uniquement les richesses

Les deux catégories doivent être reçues par les serviteurs. Jésus ne chassait personne, mais il dit que ce n'est que pendant la moisson que le trie se fera. Ces personnes, vite enrichis par une grâce exceptionnelle de Jésus, ils sont également un sujet de gloire pour Dieu. Elles sont des personnes qui attirent la jalousie des enfants de Dieu. Etant bénis, ils permettent aux élus de tenir fort dans la foi. Ces personnes sont incapables de se stabiliser dans l'église, ce sont généralement des hommes et des femmes qui courent très vites après l'argent. Quand elles sont reconnaissantes, elles font progresser l'œuvre de Dieu par des libéralités qu'elles font dons à l'église. Ces hommes et femmes, sont généralement difficiles à stabiliser dans l'église. Leur faire assoir est difficile ; mais possible. Il faut que le serviteur qui les suit soit une personne très fin ; remplie de sagesse et de tac pour mieux les aborder et les entretenir dans la bénédiction de Jésus et dans sa propre sagesse humaine.

- ceux qui cherchent le salut

Ce sont et des femmes et des hommes appelés les élus. Leurs noms sont déjà écrits dans le livres de vie (selon révélation). Ce sont des femmes et des hommes qui s'attachent définitivement à la cause du Seigneur Jésus. Les biens terrestres ne sont qu'un moyen leur permettant d'être à l'abris du besoin. Ce sont des femmes et des hommes qui s'asseyent réellement dans l'église. En tant que membres, ils exercent une ou des fonctions dans l'église. Le plus souvent ce sont des femmes et des hommes qui se battent avec le Seigneur Jésus pour trouver et conserver leur place dans la gloire et la lumière de Dieu. Ils ne mettent jamais en jeu l'étoile de leur salut. Ce sont de bons défenseurs de la cause de Jésus. Malheureusement, ce sont ces personnes que les serviteurs ne prêtent pas tellement attention. Cependant, ce sont leurs prières qui font la force de l'église.

Il y avait dans une église de la place, une vielle femme qui avait consacré sa vie uniquement dans les œuvres de l'intercession. Elle avait pris une place au fond de l'église. Presque personne ne prêtait attention sur elle. Lorsqu'elle entrait dans le temple, les gens avaient remarqué qu'elle s'asseyait toujours dans un coin unique de la salle ; de manière que personne n'osait jamais l'occuper. Elle passait tout son temps à prier, à élever tout ce qui n'allait pas bien dans le temple. Les solutions étaient vraiment visibles. Tout le monde était content que tout ce qu'ils demandaient à Dieu venaient en exitance. Lorsque le temps que Dieu fixa de la prendre pour le repos éternel, les prophétesses de l'église commencèrent à prophétiser sur la mort du pasteur. Personne ne comprenait ce qui se passait. Tout le monde savait que c'est le pasteur physique que tout le mondait connaissait qui devait normalement décéder. Le jour où cette vieille femme est décédée dans la chair, la prophétie a été encore faite : le pasteur est décédé. Du coup, l'exaucement aux prières de l'église a pris un sérieux coup. Ce témoignage peut nous donner deux leçons :

1- Ne pas faire un travail dans l'église et dire que c'est le monde qui va donner ses rétributions.
2- Chaque serviteur doit avoir un cœur large où toute catégorie de personne dans l'église trouve sa place.

***Eviter le Jeu de la Souris et du Chat**

Galates 6 : 6 que celui à qui l'on enseigne la parole fasse part de tous ses biens à celui qui l'enseigne. 7 car on ne trompe pas Dieu, ce qu'un homme aura semé, il le moissonnera aussi.

Le serviteur ne doit pas être une personne qui court après le peuple de Dieu, ni celui qui mène des enquêtes pour évaluer les biens du peuple de Dieu. Chaque personne devrait être consciente et libre de son engagement.

Le serviteur de Dieu en Jésus doit trouver du temps pour recevoir chaque enfant de Dieu ; en retour chaque enfant de Dieu qui veut avoir un entretien avec le serviteur de Dieu, devra mettre le serviteur de Dieu dans des conditions qui lui permettent de bien l'écouter. N'oublions pas que Isaac a demandé à son fils de lui apporter le fruit de sa chasse afin qu'il le bénisse.

"Un terrain non apprêté ne peut recevoir la semence".

Le Point de Repère

Avoir toujours une personnalité biblique comme référence pour chaque demande, pour un besoin d'un fils ou d'une fille de Dieu. Puis, se comporter comme cette personne.

***Le Contact avec la Nature**

La question du pain quotidien est un problème d'acquisition des choses de la nature. Des valeurs qui donnent à un homme la capacité de répondre à tout. L'argent n'est jamais descendu du ciel ; les richesses matérielles non plus. C'est au bout des efforts qu'on est couronné. Lorsque l'assistance de l'onction de Dieu est là, alors Dieu même prend à cœur la situation.

Lorsque Jésus prépare son entrée dans la pâque de l'Eternel, il introduit la sainte cène. Par cet acte, il entre en contact avec la nature : il amorce la récupération de tout ce que Satan a arraché au peuple de Dieu. Pendant sa sépulture, il réintroduit à la terre le flux de sa domination. Ce qui est dit dans ***Jean1 : 3 toutes choses ont été faites par elle, et rien de ce qui a été faite, n'a été faite sans elle…*** Si le grain de blé ne meut, il ne peut se regénérer.

La puissance dominatrice de Jésus est donc injectée dans les éléments de la nature. Certains éléments de la nature sont donc sélectionnés pour attirer les biens comptables dans la vie du peuple de Dieu et dans l'Eglise.

1) <u>L'eau</u>

L'eau est un élément de vie et pour chaque être vivant.

Dans la Bible, elle est à plusieurs usages. Elle est utilisée pour sanctionner : le déluge. Elle est utilisée pour les purifications et pour la protection : dans le service des sacrificateurs ; *Exode 30 : 18-21*. L'eau est également un élément de régénération et de guérison d'esprit : la piscine de Bethesda *Jean 5 : 1-9*. L'eau changée en vin ; l'onction du Saint Esprit influence le goût de l'eau *Jean 2 :1-11*.

Scientifiquement, la composition chimique de l'eau fait ressortir des éléments nécessaires à la vie : l'oxygène O_2 ; élément nécessaire pour la survie de l'être vivant. L'hydrogène H ; élément chimique favorable à l'inflammation.

C'est un élément qui joue un grand rôle dans l'onction de feu de l'Eternel Dieu tout Puissant.

2) Le sel

Un élément d'assaisonnement, il donne le goût à la vie. C'est aussi un élément d'assainissement. Le sel est cité comme élément de changement de personnalité (transformation par le Saint Esprit).

3) L'huile sainte

Sa composition est essentiellement faite des produits de la nature. *Exode 30 : 22-32*

4) Les parfums

Une composition des éléments de la nature. *Exode 30 : 34*

5) La Sainte Cène

Elle est faite des éléments de la nature : produit de la vigne, produit du blé, de l'eau, du sel, du sucre et de 'huile. Le tout cuit au feu. A cela s'ajoute également le feu.

Tous ces éléments devraient être connectés à la puissance de l'Eternel Dieu Tout Puissant, grâce au Seigneur Jésus ; afin d'éviter de tomber dans le charlatanisme.

Les sacramentaux

***Voici comment je gère toujours la sainte cène**

Je commence par :

Hébreux 2,

car c'est la parole qui donne la connaissance de ce que l'on s'apprête à faire. Par la parole, je permets que le peuple de Dieu soit conscient de ce qui va se passer et qu'est-ce qu'il doit recevoir par le sacrement qui va être célébré.

2. 13

Et encore : Je me confierai en toi. Et encore : Me voici, moi et les enfants que Dieu m'a donnés.

2.14

Ainsi donc, puisque les enfants participent au sang et à la chair, il y a également participé lui-même, afin que, par la mort, il anéantît celui qui a la puissance de la mort, c'est à dire le diable,

2.15

et qu'il délivrât tous ceux qui, par crainte de la mort, étaient toute leur vie retenus dans la servitude.

Par ces versets, je déclare que le moment du rachat est arrivé ; la pâque de tout le monde qui est ici présent.

Jean 6.

6.53

Jésus leur dit : En vérité, en vérité, je vous le dis, si vous ne mangez la chair du Fils de l'homme, et si vous ne buvez son sang, vous n'avez point la vie en vous-mêmes.

6.54

Celui qui mange ma chair et qui boit mon sang a la vie éternelle ; et je le ressusciterai au dernier jour.

6.55

Car ma chair est vraiment une nourriture, et mon sang est vraiment un breuvage.

6.56

Celui qui mange ma chair et qui boit mon sang demeure en moi, et je demeure en lui.

6.57

Comme le Père qui est vivant m'a envoyé, et que je vis par le Père, ainsi celui qui me mange vivra par moi.

"Après avoir lu ses versets bibliques, je demande par le Saint Esprit que ses versets prennent corps dans le produit de la vigne qui est placé à l'annonciation. Car c'est le breuvage découlant de Jésus que nous préparons maintenant".

Matthieu 9

9.1

Jésus, étant monté dans une barque, traversa la mer, et alla dans sa ville.

9.2

Et voici, on lui amena un paralytique couché sur un lit. Jésus, voyant leur foi, dit au paralytique : Prends courage, mon enfant, tes péchés te sont pardonnés.

"Que ce produit de la vigne soit le breuvage déclaré par Jésus, pour le pardon des péchés et guérir toutes les paralysies spirituelles et physiques de ton peuple".

Matthieu 11

11.25

En ce temps-là, Jésus prit la parole, et dit : Je te loue, Père, Seigneur du ciel et de la terre, de ce que tu as caché ces choses aux sages et aux intelligents, et de ce que tu les as révélées aux enfants.

11.26

Oui, Père, je te loue de ce que tu l'as voulu ainsi.

11.27

Toutes choses m'ont été données par mon Père, et personne ne connaît le Fils, si ce n'est le Père ; personne non plus ne connaît le Père, si ce n'est le Fils et celui à qui le Fils veut le révéler.

11.28

Venez à moi, vous tous qui êtes fatigués et chargés, et je vous donnerai du repos.

11.29

Prenez mon joug sur vous et recevez mes instructions, car je suis doux et humble de cœur; et vous trouverez du repos pour vos âmes.

11.30

Car mon joug est doux, et mon fardeau léger.

"que ce produit de la vigne, soit réellement le breuvage de Jésus qui ouvre les yeux et les oreilles de tes fils et filles ici présents ; qu'il amène tes enfants à se décharger véritablement sur toi et que tu donnes à chacun le repos et qu'ils acceptent de porter ton fardeau léger (se décharger ; c'est confesser leurs péchés ; leurs échecs ; leurs déboires. Faire ses demandes…).
Le fardeau de Jésus (accepter le Saint Esprit entant que nouveau guide, accepter de porter l'évangile de Jésus comme nouvelle arme de combat et de publication du nom de Jésus à travers le monde…).

Jean 6

6.1

Après cela, Jésus s'en alla de l'autre côté de la mer de Galilée, de Tibériade.

6.2

Une grande foule le suivait, parce qu'elle voyait les miracles qu'il opérait sur les malades.

6.3

Jésus monta sur la montagne, et là il s'assit avec ses disciples.

6.4

Or, la Pâque était proche, la fête des Juifs.

6.5

Ayant levé les yeux, et voyant qu'une grande foule venait à lui, Jésus dit à Philippe : Où achèterons-nous des pains, pour que ces gens aient à manger ?

6.6

Il disait cela pour l'éprouver, car il savait ce qu'il allait faire.

6.7

Philippe lui répondit : Les pains qu'on aurait pour deux cents deniers ne suffiraient pas pour que chacun en reçût un peu.

6.8

Un de ses disciples, André, frère de Simon Pierre, lui dit :

6.9

Il y a ici un jeune garçon qui a cinq pains d'orge et deux poissons ; mais qu'est-ce que cela pour tant de gens ?

6.10

Jésus dit : Faites-les asseoir. Il y avait dans ce lieu beaucoup d'herbe. Ils s'assirent donc, au nombre d'environ cinq mille hommes.

6.11

Jésus prit les pains, rendit grâces, et les distribua à ceux qui étaient assis ; il leur donna de même des poissons, autant qu'ils en voulurent.

"que ce produit de la vigne, ton sang, le breuvage de multiplication dans les entreprises et les finances de qui conque boit de ton sang. Que l'abondance et la domination soient le partage de ton peuple ici présent. Que ton sang soit le médicament qui stabilise ton peuple dans l'Eglise ; qu'il s'assoie et mange le bon pain de vie qui découle de toi, depuis l'annonciation jusqu'à ce que tu reviennes.

Qu'il s'attache à toi, qu'il s'attache aux principes de ta vérité et de ton Esprit ; le Saint Esprit".

Matthieu 8

8.1

Lorsque Jésus fut descendu de la montagne, une grande foule le suivit.

8.2

Et voici, un lépreux s'étant approché se prosterna devant lui, et dit : Seigneur, si tu le veux, tu peux me rendre pur.

8.3

Jésus étendit la main, le toucha, et dit : Je le veux, sois pur. Aussitôt il fut purifié de sa lèpre.

"par cette parole de l'évangile, que tout rejet, sorte de la vie et des entreprises des fils et des filles de Dieu qui vont entrer dans la gloire de Jésus par la communion de son sang. Et que désormais, les sept esprits de Dieu, les quatre êtres vivants, les vingt-quatre anciens du trône de grâce créent des opportunités là où les hommes de ce monde ne pensent pas que quelque chose de bon peut venir ; et au-delà de toute entité spirituelle".

Luc 6

6.6

Il arriva, un autre jour de sabbat, que Jésus entra dans la synagogue, et qu'il enseignait. Il s'y trouvait un homme dont la main droite était sèche.

6.7

Les scribes et les pharisiens observaient Jésus, pour voir s'il ferait une guérison le jour du sabbat : c'était afin d'avoir sujet de l'accuser.

6.8

Mais il connaissait leurs pensées, et il dit à l'homme qui avait la main sèche : Lève-toi, et tiens-toi là au milieu. Il se leva, et se tint debout.

6.9

Et Jésus leur dit : Je vous demande s'il est permis, le jour du sabbat, de faire du bien ou de faire du mal, de sauver une personne ou de la tuer.

6.10

Alors, promenant ses regards sur eux tous, il dit à l'homme : Étends ta main. Il le fit, et sa main fut guérie.

"par les opérations du Saint Esprit, que ces versets pénètrent dans ce breuvage, le sang de Jésus, et produisent l'onction de la fertilité, l'onction de revitalisation de tout ce qui a séché dans la vie des fils et des servantes de Dieu. Comme le peuple Israélite dans le désert, que la multiplication soit le partage des entreprises et les finances de chaque âme de Dieu ici présente".

C'est par des versets pareils, les versets de délivrance, de prospérité dans les entreprises des fils et servantes de Dieu, les versets d'ouverture des entreprises et les finances des fils et les servantes de Dieu, les versets de déblocage des vies, les versets d'attirance des biens faits de Dieu dans la vie, dans les entreprises et dans les finances du peuple de Dieu, que j'injecte dans le sang de Jésus.
Après, on permet au peuple de Dieu de s'exprimer chacun en des mots qui lui sont propres devant le Sang de Jésus. Car le serviteur ne représente pas la volonté du peuple devant Dieu dans de circonstances pareilles.
Après que le peuple se soit défoulé devant Jésus, le serviteur clôture par une prière d'appui devant Dieu comme le faisait Moïse ; par des mots : "Dieu tout puissant, je te prie d'agréer les mots des prières de chaque personne ici présente venue célébrer le mystère de la résurrection de Jésus dans leur vie. Pour ce faire, tourne ta face glorieuse sur chacune d'elle, sur leurs entreprises, sur leurs finances, sur leur santé et surtout sur le salut de l'âme de chacune d'elle. Que le ciel soit désormais ouvert pour eux et sur tout ce que chacune d'elle entreprendra pour améliorer sa condition de vie par son entrepreneuriat". Qu'il en soit ainsi.

***Bénédiction du pain**

Notre secours est dans le nom du Seigneur, qui a fait le ciel et la terre.
Notre secours est dans le nom du Seigneur, qui a fait le ciel et la terre.
Notre secours est dans le nom du Seigneur, qui a fait le ciel et la terre.

Dieu Tout Puissant et Eternel, qui par la passion de votre Fils bien aimé, Notre Seigneur Jésus-Christ, avez racheté le monde, par le supplice de la croix. Par cette croix, nous arrivons à la patrie du ciel.
Je vous en supplie Ô Dieu Tout Puissant par la vertu que Christ nous a ouvert la porte du ciel, nous permettant ainsi de parler dans le cœur de Dieu, purifiez †

bénissez † sanctifiez † ce pain en ton propre Nom † au nom du Fils † et du Saint-Esprit. Ainsi soit-il.
Comme le Seigneur Jésus-Christ bénit les cinq pains dans le désert, que ce pain que je bénis et sanctifie soit transformé en le corps du Christ et soit donné à ton peuple ici présent. Qu'il le reçoive et le mange pour rassasier le cœur de chacun et pour déraciner du corps de chacun tout maléfice, toute incantation, toute ligature, et toute action diabolique. Que toute fièvre et toute maladie microbienne, quel que soit le microbe disparaisse † Au nom de Jésus.
Que ton peuple ici présent soit rassasié de ce pain céleste, comme celui qui est disposé à la compassion et donne de ce pain aux pauvres. Par ce pain, Seigneur parle au cœur de chaque membre de ton corps ici présent ; et qu'il trouve grâce devant tes yeux. Consolez, je vous en prie chaque personne ici présente, et qu'elle mange de ce pain comme David et qu'il soit celui que Méshilsédeck offrit pour la première fois en élevant pour signifier comment ton fils devrait le faire pour l'ultime sacrifice qui nous permet de parler dans le cœur de notre Seigneur Dieu.

Que chacun touche et mange de ce pain en tant que le Corps du Christ et que le cœur et l'âme de chacun reçoivent la fortification accrue qui provient de Toi. Que l'esprit qui donne le souffle de vie de Dieu en chacun de nous soit également réchauffé pour chasser en nous la mort spirituelle et la mort corporelle † Ainsi soit-il.

Notre Père qui es aux Cieux, etc…

Seigneur Jésus-Christ qui êtes le pain né de Dieu le Père, le pain de vie descendu du ciel pour rassasier et sanctifier nos âmes. Remplissez, je vous en supplie de votre sainte bénédiction ce pain qui est toujours placé devant ta majesté et qui devrait être ton corps pour qu'il ouvre à ton peuple qui va communier les voies de la prospérité dans la vie de chacun, dans leurs entreprises et dans leurs projets.
Par votre nom triomphant, délectable, magnifique, aimable, je bénis † ce pain et je le † sanctifie, puis je le consacre pour faire prospérer les entreprises, multiplier les revenus financiers de toute âme communiante ici présente.

Par votre nom terrible, élevé et sublime au-dessus tout nom, j'introduis dans ce pain l'onction du Seigneur Jésus qui déloge et chasse des corps des hommes, des corps des femmes et des corps des enfants tous les esprits immondes, les incantations, les signes, et toutes les opérations de l'art diabolique accomplies contre ton peuple dans leur vie, dans leurs entreprises et dans leur porte-monnaie.

Par le nom de Jésus, prêché partout et adoré avec dévotion, je bénis † ce pain, je le † sanctifie et je le † le consacre et lui donne la vertu de votre saint nom, pour rendre la vue aux aveugles, l'ouïe aux sourds, la marche aux paralytiques, la santé aux malades et le salut à tous les croyants.

Je bénis † je sanctifie † et je consacre † ce pain, et que le Seigneur soit avec toi, ô pain béni, afin que tu détruises les maux, que tu chasses les adversités, que tu mettes en fuite les démons, que tu déracines la tyrannie de l'enfer des membres de chacune des personnes ici présente qui mangera de ce corps du Christ, tes servantes et tes serviteurs. Qu'à tous ceux qui goûteront de toi, soit accordé une continuelle protection, une répulsion du péché et la jouissance désirée des bienfaits de Jésus † Amen.

Que le mystère de la transmutation soit maintenant effectif
Que le mystère de la transmutation soit maintenant effectif
Que le mystère de la transmutation soit maintenant effectif

Notre Père qui es aux Cieux, etc…

Invoquons la grâce de Dieu sur ce pain pour le consacrer une fois de plus.

Seigneur Dieu, qui avez donné de la nourriture à tous ceux qui vous craignent en souvenir de vos merveilles, et qui êtes le pain véritable descendu des cieux, le véritable pain de vie à nous donner, bénissez † et sanctifiez † ce pain comme vous avez béni Abraham et l'avez rendu prospère, comme vous avez béni le peuple Israélite et l'avez introduit dans le pays où règne l'abondance de tous les biens.

Bénissez † Seigneur, ce pain comme vous avez béni le pain et l'avez donné à manger aux pêcheurs de Tibériade.

Bénissez † Seigneur ce pain comme vous avez béni le pain, l'avez rompu et donné à vos Apôtres en disant : « **prenez et mangez** ; **ceci est mon Corps** ».

Comme Toi-même, Je bénis † ce pain au nom de celui qui est assis sur le trône de gloire, le pain salutaire, qui ouvre la porte du ciel et réprime les attaques de l'ennemi.

Je sanctifie † et je consacre † ce pain afin qu'il soit le corps du Christ, et qui conque en mange, son âme soit heureuse et que les yeux de Dieu le Père soient sur lui. Que Dieu soit pour cette personne, un protecteur puissant, l'ombre de midi réjouissant l'âme, illuminant les yeux, donnant la santé, la vie et la bénédiction en abondance. Qu'il soit le pain béni † sanctifié † et consacré pour détruire tout maléfice venant de l'art de Satan et tout ce qui le concerne.

Je te bénis † te sanctifie † et te consacre † afin que tu sois le pain bénit aspergé d'huile sainte par Moïse, le pain de proposition posé sur la table en présence du sacrificateur Abiathar, puis mangé par David pour renverser toute intrigue de Satan.

Je te bénis † afin que tu sois le pain du grenier de Gédéon, vu pendant le sommeil, comme un glaive contre Madian pour dissiper toute action de Satan et de ses suppos, et comme le pain offert par Christ pour chasser l'ennemi des âmes de Dieu.

Je te sanctifie † pour que tu sois le pain des larmes et de la contrition de David, le pain pour déraciner Goliath dans la vie du peuple de Dieu.

Je te sanctifie † pour que tu sois le pain de délices des liens célestes, le pain de sagesse, le pain de vie, procédant du verbe de Dieu, le pain du ciel ayant en soi toutes délections pour briser les liens de Satan, des princes de ce monde et toute déesse.

Je te consacre † pour que tu sois le pain quotidien, le pain qu'on ne doit pas donner aux chiens afin de détruire toute influence de l'ennemi dans la vie et les entreprises du peuple de Dieu.

Je te sanctifie † afin que tu sois ce pain sans levain pris dans la main du

Nazaréen devient le pain des prémices, le pain d'huile et l'offrande de l'âme. Le sacrifice d'actions de grâce pour chasser toute infirmité naturelle et ou diabolique dans les membres et les organes corporels du peuple de Dieu. Toute personne qui aura mangé de ce pain soit guérie et libérée de tout maléfice : incantation, ligature, signature ou toute action faite par l'art des esprits malins, de toute fièvre, de toute maladie ; que les étouffements de la poitrine et de respiration cessent, que l'asthme soit détruit dans les poitrines et que Satan s'en éloigne confondu.

En fin je te bénis † te sanctifie † et te consacre pour les besoins spirituels et physique du peuple de Dieu : consacrant le salut, l'élévation spirituelle, l'abondance financière et matérielle ; ouvrant chaque jour le ciel sur la tête des enfants, des filles et des fils de Dieu, laissant les Saints Anges de Dieu descendre sur eux et remonter au ciel † Au nom de Jésus.

(On lève les pains de propositions et on dit) : voici le corps du Christ, celui déchiré sur la croix et qui nous ouvre la voie et nous donne la possibilité de parler dans le cœur de Dieu au nom de ce même Jésus.

Après que le peuple se soit défoulé devant Jésus, le serviteur clôture par une prière d'appui devant Dieu comme le faisait Moïse ; par des mots : "Dieu tout puissant, je te prie d'agréer les mots des prières de chaque personne ici présente venue célébrer le mystère de la résurrection de Jésus dans leur vie. Pour ce faire, tourne ta face glorieuse sur chacune d'elle, sur leurs entreprises, sur leurs finances, sur leur santé et surtout sur le salut de l'âme de chacune d'elle. Que le ciel soit désormais ouvert pour eux et sur tout ce que chacune d'elle entreprendra pour améliorer sa condition de vie par son entrepreneuriat". Qu'il en soit ainsi.

Ce que je veux montrer à mes collègues de services, est qu'il ne faut pas faire l'œuvre de Jésus avec négligence ou avec empressement. Ils doivent vraiment être patient, prendre le temps qu'il faut pour faire ce qui est bon. Elever la sainte cène me prend souvent entre 30 et 45 minutes de plaidoyer devant la face de Dieu. Pendant la prise de la communion, je demande toujours au peuple de boire le sang de Jésus en trois prises comme le font les juifs. Ensuite je lave le peuple avec le sang de Jésus (la tête et la face, les bras jusqu'aux coudes et les pieds).

***Bénédiction des parfums et des huiles**

Notre secours est dans le Seigneur qui a fait le ciel et la terre. Dieu Tout Puissant et Eternel, toi qui a ordonné à ton serviteur Moïse de dresser l'autel des parfums pour les besoin spirituels de ton sacerdoce et pour ton peuple, je te prie de jeter un regard d'autorité sur ces parfums, sur ces huiles et sur ces aromates rares fabriqués avec beaucoup de finesse et de sagesse, pour qu'ils puissent servir à des fins spirituels et remplis de ton onction de protection, d'attirance et de succès dans les affaires, les entreprises et les projets † Au nom de Jésus.
A cause de ton nom qui doit être loué, béni et glorifié dans le ciel et sur la terre, étends, je t'en supplie Père ta main puissante pleine de bénédictions sur ces parfums et ces huiles pour qu'ils soient remplis de ta bénédiction afin de conjurer en eux la présence du malin et que toute communication avec les échecs, les non-accomplissements, les rejets, les difficultés, les peines ; les retards dans la solutions à des besoins de ton peuple et les échecs au sommet de leurs réussites soient conjurés pour toute personne utilisant ces parfums et ces huiles (surtout pour ton fils N…, ta fille N…) † Au nom de Jésus.
Dieu Tout Puissant, faites je t'en supplie que ces parfums et ces huiles soient remplis de la passion de notre Seigneur Jésus-Christ, éloignant tout mal, tout

danger et toutes les embuches et maléfices de Satan aussi loin que le ciel est de la terre, la lumière des ténèbres, la vérité du mensonge. Que vos ennemis n'aient pas la puissance de se cacher ou la capacité de nuire ou de demeurer dans ces parfums et dans ces huiles et dans les lieux où habitent tes fils et tes filles par la vertu du Saint nom de ton Fils Jésus et par la puissance du miracle qui se fit dans **Matthieu 27 : 50-53** " ***c'est que Jésus poussa de nouveau un grand cri, et rendit l'esprit. Et voici ; le voile du temple se déchira en deux, depuis le haut jusqu'en bas, la terre trembla, les rochers se fendirent. Les sépulcres s'ouvrirent, et plusieurs corps des Saints qui étaient morts ressuscitèrent. Etant sortis des sépulcres, après la résurrection de Jésus, ils entrèrent dans la ville sainte, et apparurent à un grand nombre de personne.*** " C'est pour cela, en ton nom Jésus, je bénis † je purifie † je sanctifie † et je consacre ces parfums et ces huiles pour la gloire et le règne de l'Eternel Dieu Tout Puissant dans la vie de son peuple ; (en particulier dans la vie de N...) pour le succès et la réussite dans ses entreprises et ses projets † Au nom de Jésus.

Que ces parfums et ces huiles soient dans la vie de tes fils et filles un remède efficace contre les échecs, un remède contre les blocages de tout genre et contre toute sorte de malédiction. Un remède pour mettre en déroute Satan et ses suppos chaque fois qu'ils essaieraient de porter atteinte à la vie et aux intérêts de ton peuple † Au nom de Jésus.

Jésus, j'invoque ton Saint nom, ta vertu et ta puissance victorieuse sur ces parfums et sur ces huiles, afin que les maudits s'éloignent de toute personne qui utilisera ces huiles et ces parfums tant de jour que de nuit afin que toutes les voies de la réussite et du succès lui soient ouvertes. Que ces parfums et ces huiles mettent l'accomplissement, les grandes réalisations dans les affaires et les entreprises de ton peuple au quotidien † Au nom de Jésus.

Par l'ascension de Jésus, je bénis † je purifie † je sanctifie † et je consacre ces parfums et ces huiles pour qu'ils soient la clé de l'élévation de ton peuple au milieu de toutes les nations et la victoire au milieu de toute les épreuves (en particulier N...) † Au nom de Jésus.

Je bénis † je purifie † sanctifie et † je consacre ces parfums et ces huiles pour que l'or, l'encens et la myrrhe qu'offrirent les trois rois d'orient à Jésus descendent et s'incarnent dans ces parfums et ces huiles, afin qu'aucune force adverse, qu'aucune puissance diabolique, qu'aucune incursion de Satan, qu'aucune interférence quelconque ne se fasse en vous ; mais que vous soyez des parfums et des huiles bénis et sanctifiés pour mettre en fuite les démons dans les corps humains et dans leurs demeures, pour arracher tout maléfice de l'art diabolique.

Vous parfums et huiles sanctifiés et consacrés, recevez le pouvoir de protéger tout être humain qui vous utilisera, recevez la puissance de briser les échecs, d'attirer et de matérialiser le succès dans les affaires et les entreprises du peuple de Dieu (en particulier N...). Recevez le pouvoir d'attirer les marchés, l'argent dans les affaires et les entreprises du peuple de Dieu (en particulier N...). Recevez le pouvoir d'introduire la grandeur et de rendre le peuple de Dieu dominant dans la vie, au nom de Dieu le Père † Tout Puissant, et la charité de notre Seigneur Jésus-Christ † et par la vertu du Saint Esprit † Ainsi soit-il.

Dieu Tout Puissant et Eternel, nous implorons ta clémence, afin que tu daignes nous sauver de la bouche du dragon qui rode cherchant dans l'Eglise du Christ quelqu'un à dévorer. Toi le lion très fort de la tribu de Juda, brise sa force mugissante, bénis † et purifie ces parfums et ces huiles pour mettre en fuite l'échec, la mort, les renvois, les peines, les non accomplissements, la pauvreté et le manquement dans la vie de ton peuple (en particulier N...).

Que l'ennemi ne puisse plus en rien dans la vie de ton peuple, dans leurs entreprises et leurs projets † Au nom de Jésus.

Mais que la gloire de Dieu Tout Puissant s'accomplisse dans la vie de ton peuple (ton serviteur N..), dans leurs entreprises et leurs projets. Que l'onction de succès, l'onction de réussite de l'Eternel Dieu de miracles soit effectif et accomplie dans la vie et les entreprises de ton peuple (ton serviteur N...) † Au nom de Jésus.

Que l'onction de réveil et d'attirance financière et monétaire soit désormais le partage de ton peuple (ton serviteur N...) au quotidien dans ses entreprises et dans ses projets. Que cette onction rende toujours ton peule (ton serviteur N...) vainqueur et gagnant dans toutes concurrences. Qu'il rafle tout ; et que cette bénédiction lui attire les faveurs de tous ses interlocuteurs † Au nom de Jésus.

Comme le Seigneur Dieu Tout Puissant ordonnant à son serviteur Moïse d'utiliser les aromates et les huiles rares pour la composition de l'huile d'onction et les parfums , et que lui-même les a béni pour l'utilisation spirituelle ; je prie le même Dieu dans toute sa grandeur de bénir † en son nom, au nom de son fils notre Seigneur Jésus † et par le Saint Esprit ces parfums et ses huiles pour qu'ils revêtent la puissance d'attirer même ce qui n'était pas destiné à ton peuple (ton serviteur N...) tels que les marchés dans leurs entreprises, l'attirance des clients dans les commerces ; la multiplication des choses semblables dans leurs entreprises et dans leurs projets † Au nom de Jésus.

Que l'Eternel Dieu Tout Puissant même place toujours son peuple (son serviteur N...) au premier rang et en première position de toute victoire ; que lui-même annule et efface toute concurrence devant ses fils et ses filles † Au nom de Jésus.
Comme par ta bénédiction et par toi-même, je bénis † ces parfums et ces huiles, je sanctifie ces parfums et ces huiles † et je consacre † ces parfums et ces huiles par celui que les cieux ne peuvent contenir, par celui qui ouvre toutes les portes du succès et de la réussite pour que chaque fils et chaque fille de Dieu qui en sera oint de ces parfums et de ces huiles soit toujours la tête, et que leurs entreprises soient toujours au sommet des réussites † Au nom de Jésus.
Encore un mot Seigneur, je bénis † et je consacre † ces parfums et ces huiles pour qu'ils soient remplis de la bénédiction céleste qui brise les démons et tous leurs maléfices, les incantations, les liens, les forteresses † Au nom de Jésus.
Que la bénédiction céleste remplie et déborde ces parfums et ces huiles, et qu'elle soit au-dessus de toute bénédiction existante dans l'univers et le cosmique. Quelles que soient les forces occultes, que la bénédiction céleste de ces parfums et ces huiles soit au-dessus et domine † Au nom de Jésus.

Que la bénédiction occulte provienne des planètes, que la bénédiction céleste de ces parfums et ces huiles soit au-dessus et domine † Au nom de Jésus.
Que la bénédiction occulte provienne des astres d'horoscope, que la bénédiction céleste de ces parfums et ces huiles domine † Au nom de Jésus.

Que la bénédiction occulte ténébreuse et même des sociétés secrètes africaines et mêmes des sectes pernicieuses occidentales proviennes des eaux ou des profondeurs, que la bénédiction céleste de ces huiles et ces parfums soit au-dessus, supérieure, qu'elle domine et qu'elle assujettisse les pensées humaines † Au nom de Jésus.

Que la bénédiction occulte provienne des astéroïdes, des membres de la famille, que la bénédiction céleste de ces huiles et ces parfums soit au-dessus, de très loin supérieure, qu'elle domine et qu'elle assujettisse le monde † Au nom de Jésus.

Je puisse maintenant déclarer que ces parfums et ces huiles sont le médicament parfait de Dieu, le médicament qui soigne la malédiction et les effets semblables. Le médicament qui attire la réhausse financière dans les entreprises et dans les porte-monnaies de ton peuple. Le médicament parfait de Dieu qui attire les faveurs dans la vie et dans les entreprise et les finances.

Je bénis et je purifie ce médicament parfait par le Médecin du salut éternel, qui par sa mort et son sang a rendu la santé et la victoire au genre humain ; par celui qui a rendu la santé et la vie aux fils et filles de Dieu, afin qu'aucune communication ne vienne pour toi des mauvais anges. Mais par la vertu de notre Seigneur Jésus-Christ écarte de toi toutes les ruses de l'ennemi. Que ta composition serve à guérir le peuple de Dieu (en particulier N...) de tout mal, de tout échec et de tout non accomplissement dans ses entreprises † Au nom de Jésus.

Que tu sois le remède contenant la raison de vaincre et une vertu surnaturelle qui permet au peuple de Dieu d'être victorieux dans leurs entreprises et dans leurs projets. Que ce remède ouvre au peuple de Dieu (en particulier N...) les portes de la bénédiction financière et monétaire, que ce remède ouvre au peuple de Dieu les portes du succès dans les affaires et dans les entreprises, que personne ne résiste devant toute personne ayant été ointe de ce remède parfait dans son entreprenariat † Au nom de Jésus.

Bénissez † Seigneur et sanctifiez † ce médicament parfait "**succès à tout vent**", et que la vertu du Saint Esprit soit sur lui, pour mettre la victoire de Jésus sur la pauvreté dans la vie et dans les entreprises de ton peuple. De même que moi qui invoque la bénédiction de Dieu sur ton peuple (en particulier N...) et appelle en eux, et sur eux tous les biens faits de Deutéronome 28, de la résurrection de Jésus et de toutes les bénédictions † de Dieu, au nom du Père † du Fils † et du Saint Esprit † Ainsi soit-il.

Sur la personne qui est ointe, on dit :

« Voici que le Seigneur t'a oint, t'a délivré en tant que don de son héritage, toi (N...) membre de son peuple, Il livre tes ennemis qui sont autour toi entre tes mains. Seigneur, daignez nous bénir, que la sagesse de Dieu le Père soit toujours ton secours, l'amour de notre Seigneur Jésus soit ton partage et que la communion parfaite du Saint Esprit soit ta victoire de jour comme de nuit dans ta vie et dans tout ce qui te concerne directement » † Au nom de Jésus.

Que la bénédiction de te précède et te poursuive chaque jour et chaque nuit de ta vie † Au nom de Jésus.

***Bénédiction du sel**

Agneau de Dieu qui enlève les péchés du monde, pardonne-nous Seigneur.
Agneau de Dieu qui enlève les péchés du monde, pardonne-nous Seigneur

Agneau de Dieu qui nous purifie, exauce-nous Seigneur.
J'invoque la purification de l'Eternel Dieu Tout Puissant sur la créature du sel par Dieu lui-même, Dieu vrai et vivant qui a ordonné que les ablations et les sacrifices soient faits par le sel.

J'invoque la purification de l'Eternel Dieu Tout Puissant sur la créature du sel par Dieu lui-même, Dieu vrai et vivant qui donna à son serviteur Moïse d'arroser son peuple avec du sel pour détruire tout sorte de charme, tout enchantement, tout sortilège, tout caractère, toute vision, toute possession et tout empêchement maléfique de mariage, et tout ce qui peut nous arriver de maléfice des esprits méchants, ou par influence de femmes ou d'hommes méchants.

J'invoque la purification de l'Eternel Dieu Tout Puissant sur la créature du sel par Dieu lui-même, Dieu vrai et vivant qui a donné son fils rempli du sel divin de vie et donnait sans mesure, afin qu'à tous ceux qui en prendraient, fut accordé la santé de l'âme et du corps et que tout homme en tout lieu où le sel aura été répandu et placé soit préservé des influences des esprits invisibles de détournement mystiques de l'argent et de tout autre bien.
J'invoque la purification de l'Eternel Dieu Tout Puissant sur la créature du sel par Dieu lui-même, Dieu vrai et vivant pour que tout esprit immonde se trouve conjuré, par Jésus qui doit venir juger les vivants et les morts et purifier ce monde par le feu. Qu'il en soit ainsi.

J'invoque la purification de l'Eternel Dieu Tout Puissant sur la créature du sel par † notre Seigneur Jésus-Christ qui déclare aux disciples que vous êtes le sel de la terre et que votre langage soit toujours rempli de la grâce du sel ; afin qu'il n'y ait pour vous aucune communication avec les esprits malins, mais que vous soyez le sel pur, le sel de la sagesse dirigeant tous les actes humains, le sel de la bénédiction attirant toutes les bénédictions de Dieu dans la vie de ceux qui l'utiliseront : dans leurs activités, dans leur maison et dans leur bain. Le sel détruisant tout détournement de la volonté de Dieu dans la vie de son peuple.

J'invoque la purification de l'Eternel Dieu Tout Puissant sur la créature du sel par † notre Seigneur Jésus-Christ pour que le sel serve à la destruction des attaques des esprits impurs invisibles, des hommes et des femmes méchantes ; c'est pourquoi, par cette bénédiction, toi, créature de sel, tu dois servir à repousser, à rejeter, à exterminer nos ennemis par l'entremise du sacré de Dieu † Au nom du Père † du fils † et du Saint Esprit. Qu'il en soit-il.
Dieu Tout Puissant, nous invoquons la force invisible de ta puissance, sur ce sel à qui tu as daigné conférer une grande vertu, afin que par ce sel toutes choses puissent être faites, comme toi-même tu l'as ordonné d'être faite pour la nourriture

et les boissons des hommes. Nous te supplions par ton fils, que tu daignes sanctifier † bénir et consacrer † ce sel afin qu'il puisse recevoir de ta majesté la vertu divine pour contrer et contrecarrer tous les esprits immondes ; qu'il chasse de l'âme de tes serviteurs, de tes servantes et de ton peuple tout ce qui peut se trouver de pestilentiel ; qu'il éloigne de leurs demeures toutes les embuches qui s'y trouvent cachées.

Nous invoquons la force invisible de ta puissance, sur ce sel à qui tu as daigné conférer une grande vertu, afin que par ce sel toutes choses puissent être faites, comme toi-même tu l'as ordonné d'être faite pour la nourriture et les boissons des hommes. Afin qu'il reçoive de la vertu de détourner les sortilèges et qu'il produise un effet entier de salut et de santé corporelle et spirituelle ; que ce sel attire et multiplie les bénédictions dans la vie et les entreprises de tous ceux qui l'utilisent. Que ce sel apporte l'autorité de la parole, de considération et de conviction dans la vie de celui qui en utilise par la vertu de la résurrection † de notre Seigneur Jésus-Christ. Que ce sel apporte une protection par la vertu de l'ascension de notre Seigneur Jésus-Christ, signe de l'élévation de toute personne qui utilisera ce sel dans sa vie et dans ses activités. Qu'il produise un effet d'élévation financière et monétaire dans les entreprises des fils et des filles de Dieu. Que ce sel attire la plénitude de la grandeur, la plénitude de la domination et la plénitude de célébrité dans la vie de tes fils et filles et dans les entreprises de chacun en le plaçant dans les maisons, dans les bains et dans les nourritures. Que ce sel soit un remède parfait contre les poisons dans le cœur, le ventre, les entrailles, dans les yeux, dans les nerfs, dans les os, dans tout le système nerveux et la peau de chaque fils et fille de Dieu.

Par la vertu et la passion de Notre Seigneur Jésus-Christ vainqueur du monde, par la vertu de son règne divin dans le monde spirituel et physique, je bénis ce sel pour qu'il mette tous ses disciples au sommet de la gloire de leur vie, de leurs entreprises, et que la victoire soit leur partage chaque jour de leur vie.

Par tout ce que le Seigneur Jésus a fait et accompli, j'écris le nom du Seigneur Jésus, donneur de la richesse spirituelle, donneur de richesse matérielle, donneur de la richesse financière et monétaire dans ce sel et sur ton peuple. Que ce sel donne également la protection parfaite à ton peuple. Au nom du Père † Au nom du Fils † Au nom du Saint Esprit, dans tous les siècles des siècles. Qu'il soit que ce sel produise un effet réel de repentance et de conversion profonde dans la vie de tous ceux qui en utiliseront. Qu'ils voient réellement la face bénie de notre Seigneur Jésus dans leurs entreprises et dans leurs projets. Que la santé leur soit entièrement donnée dans chaque organe de leur corps, et la visitation de

Dieu le Père Tout Puissant, le Fils et le Saint Esprit, soit le partage de tous ceux qui utiliseront ce sel et à chaque fois qu'ils le feront † Au nom de Jésus.

Que le Saint Esprit daigne visiter les fils et les filles de Dieu à chaque fois qu'ils utiliseront ce sel pour leurs besoins spirituels, et corporel. Que ce sel produise un effet réel de repentance dans leur vie, qu'ils ressentent un effet réel de bénédiction dans leur vie, dans leurs entreprises, dans leur maison et dans leur foyer conjugal et tout autour d'eux † Au nom de Jésus.

Par ce sel, que l'Eternel Dieu Tout Puissant, Dieu des Armées exerce une pression insupportable sur tous les ennemis qui sont dans la vie de ses enfants, dans la vie de ses filles et fils, jusqu'à ce que ceux-ci s'en aillent de la vie de ses enfants et de tout ce qui les appartient sans plus revenir † Au nom de Jésus.
Aussi vrai que Élisée prît du sel et le jetât dans l'eau pour enlever la mort qui y était dessus, le peuple Israélite put maintenant la boire sans danger pour leur santé, ainsi, que ce sel produise un effet de vie au milieu du peuple de Dieu et dans la vie de chacun en particulier.

Que la créature du sel repousse tout mal et tout danger loin des enfants de Dieu et loin de tous leurs activités, loin de tous leurs entreprises et loin de tous leurs projets et de leur mariage. Par l'entremise de ce sel, que l'Eternel Dieu Tout Puissant accomplisse sa toute première parole de bénédiction dans la vie de chacune de ses filles et dans la vie de chacun de ses fils « ***Soyez féconds, multipliez, remplissez la terre, et l'assujettissez ; et dominez sur les poissons de la mer, sur les oiseaux du ciel, et sur tout animal qui se meut sur la terre ».***
Ainsi, je consacre la créature du sel à l'utilisation spirituel pour la fécondité, la multiplication, et la domination du peuple de Dieu dans leur vie, dans leurs entreprises et dans les choses semblables au nom du Père † du Fils † et du Saint Esprit † Amen.

Notre Père qui es aux Cieux

***Bénédiction de l'eau**

Béni soit l'Eternel Dieu Tout puissant, béni soit le Seigneur Jésus-Christ, béni soit le Saint-Esprit. J'invoque la bénédiction de la Sainte Trinité dans cette eau pour qu'elle soit purifiée et servir à l'utilisation spirituelle. Dès maintenant, ne soit ni utile, ni avantageux à aucun esprit immonde, mais fait honneur au Dieu Tout Puissant ton créateur, Dieu vivant et régnant, afin que quiconque t'aura prise pour boisson, ou en tout lieu que tu aies été répandue, tout esprit immonde s'éloigne

de ce corps et de ce lieu. C'est pourquoi je t'adjure créature de l'eau, au nom de Jésus-Christ de Nazareth, Fils de Dieu, notre Rédempteur et notre juge, que toi créature de l'eau, que tu sois la purification † et la sanctification † des hommes que Dieu a daigné créer à son image sainte et appeler à sa gloire.
« Si quelqu'un a soif qu'il vienne à moi et qu'il boive. Celui qui croit en moi des fleuves d'eau vive couleront de lui ».

Notre Père qui es aux cieux, etc...
Comme le cerf soupire après des fontaines, ainsi l'âme de chaque membre de ton peuple soupire après Toi, O mon Dieu. L'âme de chacun de tes fils et fille a soif de Dieu, du Dieu de Moïse. Quand entrerions-nous et nous présenterons-nous devant la face de Dieu ?
Nos larmes sont notre pain jours et nuits, lorsqu'on nous dit sans cesse : où est votre Dieu ?
« Si quelqu'un a soif qu'il vienne à moi et qu'il boive. Celui qui croit en moi des fleuves d'eau vive couleront de lui ».

Notre Père qui es aux cieux, etc...

« Et il arriva que, avant que le serviteur de Abraham n'eût achevé de parler, voici Rébecca, fille de Bétuel, qui était fils de Milca, femme de Nacor, le frère de Abraham, sortit ayant sa cruche sur son épaule. La jeune fille était très belle à voir et vierge, et nul homme ne l'avait connue. Elle descendit donc à la fontaine, et comme elle remontait après avoir rempli sa cruche, le serviteur d'Abraham courut au-devant d'elle et lui dit : Donne-moi à boire, je te prie un peu d'eau de ta cruche. Et elle lui dit : Seigneur, bois. Et, ayant abaissé sa cruche sur sa main, elle lui donna à boire. Puis après qu'elle eut achevé de lui donner à boire, elle dit : j'en puiserai aussi pour les chameaux jusqu'à ce qu'ils aient tout bu. Ayant vidé promptement sa cruche dans l'auge, elle courut encore au puits pour chercher de l'eau et elle en puisa pour tous les chameaux ».
Seigneur Dieu Tout Puissant toute bénédiction que Tu apporteras à un de tes fils et à une de tes filles par la visitation du Saint-Esprit dans sa vie et ses entreprises et qu'il apporte aussi dans ton temple pour nourrir tes serviteurs, pour la construction de ton temple, multiplie au centuple ce que Tu lui aurais donné auparavant, éloigne également de sa vie et de ses entreprises et projets tout échec et toute pauvreté, † Au nom de Jésus.

Prions : Dieu qui pour le salut, la délivrance, et la bénédiction du genre humain dans les œuvres de leurs mains, avez mis dans la substance de l'eau, les plus grandes bénédictions et instruit les hommes et les femmes sur multiples utilisations spirituelles et corporelles, écoutez nous vous en supplions nos invocations et à cet élément préparé par beaucoup de purifications, donnez la vertu de votre bénédiction, afin que cette créature de l'eau servant à vos mystères, chasse de la vie de tes enfants, de tes fils, de tes filles et de leurs entreprises et de leurs projets, tout esprit et personne physique d'interférence. Que tout ce qui est pauvreté, sècheresse d'argent, monotonie et de régression financière et matérielle soit détruit et chassé loin d'eux et de leurs entreprises et projets † Au nom de Jésus.

Que toutes choses dans les maisons et dans les corps de tes enfants, filles et fils qui auront été arrosés de cette eau, soient purifiés de toutes souillures, et soient nettoyés de toutes taches. Que toutes embuches des démons et leurs semblables cachés ou encore en conspiration soient détruits ; et qu'aucun esprit mal saint et malfaisant n'y demeure. Et, si quelque chose qui menace la sécurité et le repos des habitants, que cette chose soit détruite par les aspersions de cette eau, et que la santé spirituelle, la santé corporelle et la quiétude soient rétablies par la grâce de votre Saint Nom † Au nom de Jésus.

Et si tous les appareils, les marchés, les projets, les entreprises, la place, les finances et voire l'argent liquide, les dossiers de tes enfants, de tes filles et de tes fils se trouvent menacés par des êtres de n'importe quelle nature ou de quelle provenance, que toute façon, ces interférences cessent dans la vie de toute personne qui se serrait lavée avec cette eau, et que le rétablissement votre gloire dans sa vie et tout ce qui lui concerne soit immédiat. Qu'il en vive en ressentant ta gloire dans sa vie, dans ses entreprises et projets † Au nom de Jésus.

Dieu pourvoyeur, Dieu de miracles, par ta puissance et ton autorité, que cette eau spirituelle attire dans la vie de ton peuple et dans leurs entreprises l'argent, le travail, l'élévation spirituelle, l'élévation sociale, la considération dans leur alentour, la domination sur tout ce qui se meut tout autour d'eux, qu'ils soient considérés et que la parole de leur bouche ait un effet considérable aux oreilles de leurs interlocuteurs.

Ceux qui font dans les marchés, qu'ils obtiennent et décrochent tous les marchés qui sont dans leurs secteurs d'activité. Que rien ne soit plus détourné. Même les marchés qui ne leur étaient pas destinés soient dès aujourd'hui leur partage et leur propriété.

Peut-on arracher à la brue le butin qu'il s'est emparé ?

Seul l'Eternel Dieu Tout Puissant le ferra pour ses lionceaux de la tribu de Juda. Seul l'Eternel Dieu Tout Puissant le ferra pour ses Aigles qui se serraient rassemblés autour du corps de son Fils.

Notre père qui es aux Cieux…

« Il arriva que l'ange de Dieu descendît suivant le temps, dans la piscine, et l'eau commençait à bouillonner. Alléluia.
Et celui qui descendaient dans la piscine le premier après l'agitation de l'eau était guérit, quelle que fut l'infirmité dont il était atteint ». Alléluia
Que cette eau revête la vertu de cette guérison et qu'elle soit appliquée à tous ses les enfants, à toutes les filles et à tous les fils de Dieu qui utiliseront cette eau spirituelle pour bain † Au nom de Jésus.

Le Seigneur Dieu Tout Puissant est notre berger, rien ne manquera à ses fils et à ses filles. Il les fait reposer dans de verts pâturages : Il les mène le long des eaux tranquilles. Il restaure leur âme ; Il les conduit, pour l'amour de son nom par les sentiers de la justice. Quand même son peuple marcherait dans la vallée de l'ombre de la mort, il ne craindrait aucun mal, car tu es avec ton peuple, Ô Dieu, ton bâton et ta houlette les consolent. A la vue même de leurs ennemis, tu dresses une table devant eux ; tu oints la tête de chacun d'huile et la coupe de chacun déborde. C'est bien sûr que tes faveurs et ta bonté les accompagneront tous les jours de la vie de tes enfants et de tes fils. La nuit même n'aurais plus d'influence dans leur santé et dans leurs activités ; et leur demeure sera dans la maison du Seigneur pour toujours † Au nom de Jésus.
Que toutes ces bénédictions de l'évangile descendent et fassent corps et esprit avec cette eau pour le bien du peuple de Dieu par sa présence dans leur vie et dans leurs entreprises † Au nom de Jésus.

« Il arriva que l'ange de Dieu descendît suivant le temps, dans la piscine, et l'eau commençait à bouillonner. Alléluia.

Et celui qui descendait dans la piscine le premier après l'agitation de l'eau était guérit, quelle que fut l'infirmité dont il était atteint ». Alléluia

Notre Père qui es aux Cieux, etc…

« Alors Moïse et Aaron se retirèrent de devant l'assemblée, et allèrent à l'entrée de la tente d'assignation et tombèrent sur leur face. La gloire du Seigneur, l'Eternel Dieu Tout Puissant apparut. Et le Seigneur Parla à Moïse, en disant : prends la verge, et convoque l'assemblée, toi, et ton frère, Aaron, et en leur présence, parlez au rocher et il donnera ses eaux. Ainsi, tu donneras à boire à l'assemblée et à leurs bêtes. Moïse prit donc la verge devant le Seigneur, l'Eternel Dieu Tout Puissant, l'Eternel des Armées, comme il lui avait été commandé. Moïse et Aaron convoquèrent l'assemblée devant le rocher et Moïse leur dit : Ecoutez maintenant rebelles, où ferons-nous sortir de l'eau du rocher ! Puis Moïse leva la main et frappa de la verge le rocher par deux fois. Et il en sortit de l'eau en abondance, et l'assemblée but ainsi que leurs bêtes ». La joie fut grande et le peuple reprit les forces et le courage.

Que ces paroles de l'évangile descendent dans cette eau spirituelle, qu'elles fassent corps et esprit avec elle pour redonner la force, la vie au milieu de ton peuple, dans leurs activités, leurs entreprises et dans leurs projets. La vie dans les lieux où ils exercent leurs activités. La vie et l'élévation de tous leurs partenaires afin qu'eux aussi étant bénis, que tes enfants, tes filles et tes fils puissent également recevoir. Par l'onction de ta parole qui n'a pas de frontière, que tous ceux par qui tu passes pour arroser un de tes enfants, une de tes filles ou un de tes fils reçoivent également les mêmes bénédictions. De façon qu'étant arrosé, ton peuple qui traite avec eux soit également dans la surabondance † Au nom de Jésus.

Prions : Exaucez-nous Seigneur, Père Tout Puissant et Dieu Eternel et daignez bénir † cette créature de l'eau par votre bénédiction céleste, que la vertu du Saint-Esprit descende sur elle et rende opérationnel toutes les bénédictions qui ont été dites sur elle, pour que la force des ennemis et les attaques des démons soient repoussées, détruites sans que ton peuple en soit touché ni effleuré. Que l'ombre des fantômes, les souffrances des possédés et toute autre maladie ou peine que connaît un membre de ton Eglise soit éradiqué. Que les chocs des tourbillons, de la foudre, le tonnerre et les tempêtes soient chassés par la vertu de ta puissance que le Saint-Esprit développe dans cette eau. Toi Ô Père qui vit et règne avec le Fils et le Saint-Esprit pour les siècles des siècles. Ainsi soit-il.

« L'ange de l'Eternel montra à Jean un fleuve d'eau limpide comme le cristal venant du siège de Dieu et de l'Agneau ; Alléluia. Et je donnerai gratuitement à boire à celui qui a soif l'eau de la fontaine d'eau vive, dit le Seigneur » : Alléluia

Notre Père qui es aux Cieux, etc…

Daigne Ô Dieu nous bénir. Que le Fils de Dieu notre Seigneur daigne nous bénir et nous guérir.

Prions : Seigneur Saint, Père Tout Puissant, Dieu Eternel qui par notre Seigneur Jésus-Christ, votre Fils avez daigné guérir nos blessures et nos infirmités, vous qui avez daigné nous sortir de la misère pour nous rendre riche financièrement et matériellement, nous vous prions, par votre clémence, que vous veuillez nettoyer † purifier † et bénir † cette eau et que vous daignez nous visiter par ta présence, par la présence du Fils , par la présence du Saint-Esprit chaque fois que nous boirons de cette eau, chaque fois que tes enfants, tes filles, tes fils aspergerons de cette eau sur eux ou dans leurs maisons, ou dans les choses semblables qui leur appartiennent. Chaque fois qu'ils se baigneront de cette eau comme dans le réservoir de Siloé, comme dans la piscine de Bethesda, comme l'eau sortant de la fontaine d'eau de vie de ton siège de gloire et de règne, afin qu'ils soient délivrés de l'invasion des esprits immondes et de leurs œuvres, et qu'ils puisent la grâce céleste servant à leur élévation financière et matérielle, la grâce céleste servant à leur domination ; par notre Seigneur Jésus-Christ qui vit et règne avec le Père et le Saint-Esprit pour les siècles des siècles † Ainsi soit-il.

Ici on met du sel dans l'eau en disant : « comme Elisée est venu à la fontaine des eaux, y mit du sel et dit : j'ai assaini ces eaux, et désormais il n'y aura plus en elle ni mort ni stérilité, mais par ce mélange du sel et de l'eau, qu'aucune infection du venin du *serpent ancien* ne soit dans les créatures de Dieu, au nom du Père † et du Fils † et du Saint-Esprit † auquel soit honneur et gloire, dans les siècles des siècles. Ainsi soit-il.

***Bénédiction de l'eau mélangée au sel**

Dieu Tout Puissant, Toi qui a tout crée, Tu as également permis que les deux créatures : l'eau et le sel puissent se mélanger, formant ainsi un. Une nouvelle créature matérialisant ta puissance, la bombe spirituelle matérialisée. Je te prie de purifier cette nouvelle créature de l'eau et du sel, qu'elle se montre et ne retienne aucune vertu des esprits immondes ; mais qu'elle soit une eau sainte † une eau bénie † une eau lavant les cœurs † une eau exorcisée, remplie de la puissance du Dieu Tout Puissant pour mettre en fuite l'ennemi, une eau pour détruire toutes les œuvres de l'ennemi, une eau qui attire le succès et la réussite dans la vie et les entreprises du peuple de Dieu ; une eau qui permet l'accomplissement de la parole de Dieu dans la vie du peuple de Dieu ; une eau qui donne le goût de vivre et de suivre le Seigneur Jésus toute sa vie durant ; une eau qui assure la protection jours et nuits des enfants , des filles et des fils de Dieu partout où ils se trouveraient. Une eau qui apporte la paix dans les cœurs et là où elle est aspergée : dans les appartements, les plaines ensemencées, les vignes ou autres arbres fruitiers. Soit sur le pain, dans les vins ou autres nourritures. Soit dans les plumes, les laines, la paille, les lits, les vêtements, tous les remèdes, les bains. Si quelqu'un te boit ou se lave avec toi, que tu deviennes pour lui une défense très sûre et une médecine très efficace, un remède de santé et le port du salut. Que tout esprit immonde avec ses sortilèges, ses maléfices, ses incantations, ses embuches multiples, soit brisé et éloigné de toute maison et où toute chose qui aurait été aspergée de cette eau. Une eau utilisée comme purge, détruit les myomes et les kystes. Une eau qui détruit les alliances de femme et de mari spirituels ; une eau qui met fin au règne des femmes et des maris spirituels dans la vie de tes enfants. Une eau qui détruit les sexes occultes et assurant l'intégrité spirituelle des enfants de Dieu. Que tout esprit immonde avec ses sortilèges, ses maléfices, ses incantations, ses embuches multiples, soit brisé et éloigné de toute personne qui aurait bu de cette eau et ou se serait baigné avec cette eau. Au nom du Père † du Fils † et du Saint-Esprit † Ainsi soit-il.

Je brise toute malédiction et toute volonté humaine en toi † je t'adjure † je te bénis † et te sanctifie par la parole de vérité et de puissance † par celui qui, par Moïse, son serviteur, étendant sa verge une première fois ouvrit le passage sur la mer rouge et permit au peuple de passer pour le bonheur, ainsi par cette eau, que le passage vers le bonheur, le succès, la victoire sur la pauvreté devienne une réalité dans la vie de tes enfants, de tes filles et de tes fils † Au nom de Jésus.
Je brise toute malédiction et toute volonté humaine en toi † je t'adjure † je te bénis † et te sanctifie par la parole de vérité et de puissance † par celui qui, par Moïse, son serviteur, étendant sa verge une seconde fois pour fermer le passage aux poursuivants du peuple de Dieu. La mer les a englouties les tuant tous. Que le même sort soit réservé à tous ceux qui dès aujourd'hui essayeront encore de poursuivre chaque enfant, fille et fils de Dieu qui utilisera cette eau. Que la délivrance, la libération, la prospérité soient désormais une réalité vivante au quotidien † Au nom de Jésus.

Que le mystère de la croix de Jésus soit le partage de cette eau et de toute personne qui utilisera cette eau dans sa vie. C'est pour cela, j'ordonne ta purification † je

t'adjure † je te bénis † et te sanctifie † par celui qui par la main de Moïse frappa deux fois d'une verge le rocher d'Orèb et en fit sortir des eaux abondantes dont le peuple but.
Que cette eau mélangée au sel produise beaucoup de bénédictions dans la vie et les entreprises du peuple de Dieu. Seigneur Jésus, toi qui ouvre les yeux des aveugles, ouvre également les yeux spirituels du peuple de Dieu pour qu'il soit toujours prêt à détecter toute bénédiction qui se pointe devant les enfants, les filles et les fils de Dieu. Qu'ils soient toujours prêts à tout opportunité † Ainsi soit-il. Ici on dit *(les mains levées vers le ciel)* : Saint-Esprit descend par ton feu dans cette eau mélangée au sel et que tu fécondes toute la substance par ta vertu afin que cette eau se montre pure.

Ensuite on souffle sur l'eau en forme de croix *(si celle-ci est placée à côté du serviteur)* ; *si c'est dans la sale,* on souffle en l'air et l'on dit : que ce souffle chasse de toi toutes les légions de Satan avec ses maléfices, au nom du Père † du fils † et du Saint-Esprit † Au nom de Jésus.

Comme Toi ô Dieu, je te bénis † créature de l'eau par le Dieu qui au commencement, par un seul mot te sépara de la terre aride dont l'Esprit était porté sur toi et dont je remets sur toi pour te rendre opérationnel dans la vie et dans les entreprises du peuple de Dieu. Je te sanctifie † par Dieu qui donna de l'eau à Elie dans le temps de la sécheresse. Je te sanctifie † par le Dieu qui par Elisée donna de l'eau où purent boire les rois d'Israël, de Juda et d'Edom. Je te bénis † par le Dieu qui imposa des limites aux eaux. Je te consacre † à la matérialisation des miracles de Jésus dans la vie de son peuple. Je te consacre à l'attirance de multiples bénédictions de Dieu Tout Puissant dans la vie et dans les entreprises du peuple de Dieu. Je te consacre † par Dieu qui fit tomber des eaux du ciel. Je te bénis † par le Dieu qui se souvenant de sa miséricorde, diminua les eaux du déluge et bénit Noé et ses fils. Je te sanctifie † par le Dieu qui, par Elisée, frappant les eaux du Jourdain les divisa de part et d'autre et permit à Elisée de passer. Je te consacre † par le Dieu qui par la réfection des eaux élève, nourrit et vivifie ceux qui se réfugient et mettent leur confiance en Lui. Je te bénis † par notre Seigneur Jésus-Christ qui voulut être baptisé par Jean-Baptiste dans les eaux du Jourdain afin que la parole de l'Evangile s'accomplisse ; par Lui, nous avons un modèle. Je te consacre par notre Seigneur Jésus-Christ qui donna une récompense à celui qui en son nom ne refuse pas une coupe d'eau à l'homme ayant soif. Je te bénis † par notre Seigneur Jésus-Christ dont Madeleine baigna les pieds dans les eaux de

ses larmes. Je te sanctifie † par notre Seigneur Jésus-Christ qui commande aux vents et qui lui obéissent, marchant sur les eaux qui deviennent comme la terre ferme sous ses pieds. Je te consacre † par notre Seigneur Jésus-Christ qui change l'eau en vin. Je te bénis † par notre Seigneur Jésus-Christ qui donne de l'eau jaillissante pour la vie éternelle. Je te sanctifie par notre Seigneur Jésus-Christ qui guérissait ceux qui descendaient dans la piscine après l'agitation des eaux, de toutes sortes de maladies. Je te conjure † par Jésus-Christ du côté duquel sortit de l'eau et du sang. Je te sanctifie par les sept esprits de Dieu révélés dans le livre de l'Apocalypse. Je te consacre † par les torrents des larmes de la bienheureuse Marie et par ses mérites et ceux de la cour céleste. Au nom du père † et du fils † et du Saint-Esprit † qui a établi l'eau pour la régénération des hommes et des femmes, et a fait en toi des choses admirables. Ainsi soit-il.
Montrez-nous, Seigneur, votre miséricorde et donnez-nous votre salut.
Montrez-nous, Seigneur, votre miséricorde et donnez-nous votre salut.
Montrez-nous, Seigneur, votre miséricorde et donnez-nous votre salut.
Seigneur exaucez notre prière et que notre clameur s'élève jusqu'à vous. Que le Seigneur Jésus soit avec vous.

Dieu saint, Tout Puissant, Dieu Eternel, Père de notre Seigneur Jésus-Christ. Dieu d'Abraham, Dieu d'Isaac, Dieu de Jacob, je vous prie d'exaucer votre serviteur N… qui élève…, qui bénit † cette créature du sel et de l'eau, au nom de Jésus-Christ de Nazareth Fils du Dieu réel et vivant, notre Roi, notre Juge et notre Rédempteur, comme vous avez exaucé Noé dans le déluge. Moïse en Egypte, Job dans ses souffrances, Daniel dans la fosse aux lions, les trois camarades de Daniel dans la fournaise de Nébucadnetsar. Et, comme vous avez tant de fois exaucé vos fidèles dans les persécutions qu'ils font face, que cette eau soit une purification et une sanctification des hommes, une purification et une sanctification de femmes, une purification et une sanctification des enfants faits à ton image. Que cette eau mélangée au sel ait pour ceux qui seront aspergés, pour ceux qui l'auront bu, pour ceux qui pris des bains avec elle, et pour ceux qui l'utilisera pour une cause de salut et de sanctification, la puissance de briser et de chasser loin d'eux Satan et toutes ses cohortes de malédiction et d'échec. Donnez également à cette eau mélangée au sel, la puissance pour éloigner de l'humaine nature, la foudre, les tempêtes et toutes les adversités, pour que l'esprit immonde ne puisse nuire aux choses, aux lieux et aux hommes, aux femmes et aux enfants qui auront été aspergés, bus et ou qui se sont baignés avec cette eau mélangée au sel ; mais qu'il soit détruit et confondu par la vertu de notre Seigneur Jésus-Christ qui vit et règne dans l'unité du Saint-Esprit dans tous les siècles des siècles † Ainsi soit-il.

Conclusion, Résume, Débat Ouvert

Dans la Bible, selon mes propres recherches et le secours du Saint Esprit, j'ai pu observer trois grandes divisions : l'Ancien Testament ; le nouveau Testament et entre les deux parties se trouve le Lien des deux parties : le ministère de Jésus.

L'Ancien Testament : fondement de la loi, il retrace la naissance de la loi et les préceptes régissant la vie quotidienne du peuple Juif.

Le nouveau Testament : c'est le ministère des gentils. Il renferme les éléments du salut. Il prône la bonne conscience dans la marche avec l'Eternel Dieu.

Le ministère de Jésus : il constitue le lien entre l'Ancien et le Nouveau Testament. Il démontre que les deux parties doivent et devraient faire marche commune.

Les intentions de Pierre dans la Bible ont toujours tendance à rappeler à Jésus les principes de la tradition Juive : l'épisode des frères Zébédée ; l'épisode du lavage des pieds des Apôtres par Jésus. Dans les actes des Apôtres il se manifeste également par des pensées et actes préservant la tradition Juive.

Lorsque Dieu achève la création de l'homme et de la femme, les premières paroles que Dieu prononce à leur égard, sont des paroles de bénédictions ***Soyez féconds, multipliez, remplissez la terre, et l'assujettissez ; et dominez…*** ces bénédictions ont été données dans l'Ancien Testament. Pour entrer ou mériter ces bénédictions, l'Eternel Dieu donne dans les livres d'Exode, Lévitique, Nombres et dans Deutéronome les éléments du **chronos** que doit remplir son peuple. Tant que les hommes, les femmes et les enfants ne respecteront pas la loi, et n'appliqueront pas les préceptes de l'Eternel Dieu dans le cheminement avec son fils, ils demeureront toujours dans la pauvreté matérielle et financière. La domination et la célébrité ne seront jamais leur partage quotidien. Ces choses doivent se vivre. Elles ne doivent pas rester dans l'abstrait. Si Jésus est quitté d'esprit, et a pris chair, les bénédictions des enfants de Dieu le doivent également.

Lorsque les Apôtres reviennent de la mission dans le livre de Luc, dans leur compte rendu, ils déclarent : *Seigneur, les démons mêmes nous sont soumis en ton nom.* Ils parlaient des esprits au sommet de la destruction de la gloire de l'Eternel Dieu dans la vie des hommes, dans la vie des femmes, et dans la vie des enfants de Dieu (les principautés, les dominations, les trônes et les dirigismes). Ce sont ces esprits que Paul appelle les esprits méchants dans les lieux célestes : l'espace. Ce sont ces esprits qui empêchent l'élévation célèbre du peuple de Dieu dans les Eglises. De nous-mêmes, nous ne pouvons pas rendre leurs actions nulles dans la vie du peuple de Dieu. Parfois, nous n'avons même pas les paroles et les prières appropriées pour les détruire dans la vie du peuple de Dieu. Or, lorsque nous jetons un coup d'œil dans le ministère de Moïse, tout était réglé en avance par l'Eternel Dieu ; de manière que ni Moïse, ni les Israélites n'avaient de peine à détruire ces esprits ; parce qu'ils permettaient à Dieu de faire son travail à plein temps.

Selon mes expériences, en pratiquant tous les rites prescrits par l'Eternel Dieu dans ma vie et dans la vie de son peuple dont j'ai la charge de conduire, tout marche et nous réussit à 100%.

C'est dans le ministère de Moïse que se trouvent les éléments et la pratique des œuvres permettant au peuple de Dieu d'accéder à la prospérité (prospérité finance et monétaire, succès dans les affaires, la croissance dans les œuvres de sa gloire vécue par l'oculaire, la célébrité, la grandeur, la domination…).

Dans le ministère de la loi (ministère de Moïse) l'Eternel Dieu a tout classé, si bien que lorsqu'on respecte tous ces principes, à 100% on est sûr du succès.

La preuve est que, pendant toute la marche de Moïse avec le peuple de Dieu, ce peuple n'a manqué de rien. Les Israélites étaient en plein désert. Les Israélites ne plantaient pas. Mais ils ne manquaient de rien. Ils n'avaient que du troupeau. Jamais ces bêtes ne venaient à diminuer, ni à manquer. Les sacrifices observés par eux, ils ont toujours demeuré dans l'abondance.

Dieu est celui qui donne. Dieu est également celui qui ordonne. Si nous sommes obéissants à sa loi et à ses préceptes, et si nous sommes rigoureux, alors, nous ne manquerons de rien.

Le ministère de Jésus, bien observé et étudié, procure la puissance et l'autorité. On ne loue pas l'Eternel Dieu dans l'ignorance. Ce serait bien trop facile. Encore moins avec une volonté anémique et un cœur desséché. Le ministère de Jésus a démontré que l'Eternel Dieu donne à chacun d'entre nous, les éléments d'une belle œuvre à mener en soi.

Bien cultivé et bien instruit, on acquiert l'onction nécessaire pour demeurer en Christ Jésus. Cette onction permet de détruire en soi toutes les barrières et toutes les œuvres des ténèbres.

Selon ce que j'ai souvent suivi des serviteurs, moi-même y compris avant ma formation. Nous croyons que le plus grand miracle de Jésus en tant que fils de l'homme est la résurrection de Lazare. Or, selon ce que j'ai reçu de la formation, selon ce que j'ai pu découvrir dans mes recherches, et avec l'aide du Saint Esprit, le plus grand miracle de Jésus en tant que fils de l'homme est ***la transfiguration ; Matthieu 17 :1-8***. De l'analyse générale, il s'agit de la transformation totale de la vie d'un individu. L'image ancienne d'une personne est complètement effacée de la mémoire des gens.

Comme quoi la gloire de la nouvelle maison sera plus grande que celle de la première.

Jésus nous appelle à vivre au-dessus des considérations charnelles, afin d'être capable d'ouvrir les cieux et communiquer avec Dieu sur tout ce qui concerne son Eglise et son peuple. Jésus causait avec les représentants de Dieu, en ce qui concerne sa mission. Nous également, nous devons apprendre à causer avec le représentant de Dieu qui n'est autre que le Saint Esprit notre plus proche de la Sainte Trinité.

Cette vie de sainteté que nous donne le Seigneur Jésus est celle qui doit changer la physionomie de l'Eglise et du peuple de Dieu, lorsque nous l'acceptons de toute notre âme et de tout notre esprit.

J'ai aussi souvent entendu l'expression "**je pense que**".

Cette expression dans l'œuvre de Dieu est purement de l'occultisme. Cette expression découle de la volonté de l'homme. Nous devrons apprendre à dire "**la parole dit que...** " car celle-ci découle de la volonté de Dieu. Dans ce cas, la parole avancée par quelqu'un a un fondement spirituel testamentique Biblique.

La transfiguration de l'Eglise de Dieu, de son peuple et de leur vie, ne sera possible, lorsque les serviteurs de l'Eglise de Dieu, abandonneront les principes de leur vision personnelle égoïste, pour les principes de leur vision personnelle spirituelle Biblique.

Dans ***2 pierre 1 : 16***, le Saint Esprit dit : ***ce n'est pas, en effet, en suivant des fables habillement conçues, que nous ferons connaître la puissance et l'avènement de notre Seigneur Jésus-Christ, mais c'est comme ayant vu sa majesté de nos propres yeux.***

Beaucoup de délivrances sont observées dans l'Eglise de Dieu de nos jours ; cependant les miracles se font rares ; parce que sont rares les serviteurs qui peuvent rendre un témoignage personnel. Et parce qu'ils n'ont même jamais vu un miracle dans leur propre vie.

Au verset 20 du même chapitre : ***sachant tout d'abord vous-même qu'aucune prophétie de l'écriture ne peut être un objet d'interprétation particulière.*** L'écriture ne devrait donc pas faire l'objet d'interprétation particulière, mais ***d'un examen approfondi selon les besoins de l'heure de l'Eglise et du peuple de Dieu.*** Dans mes recherches et mes analyses, je ne saurais ignorer les autres besoins de l'Eglise et du peuple de Dieu. Mais je relève le problème de l'heure qui est le problème de survie quotidien du peuple de Dieu, de l'Eglise de Dieu et des serviteurs de Dieu. C'est ce problème qui vide les Eglises, et permet au peuple de vagabonder d'assemblée en assemblée. Or, le peuple de Dieu devrait être fixe, afin de construire constamment l'Eglise de Dieu.

Dans *2 pierre 2 :1* le Saint Esprit parle expressément en disant ***il y aura parmi nous des faux docteurs qui introduisent des sectes pernicieuses, et qui, reniant le maître qui les a rachetés, attireront sur eux une ruine soudaine.***
Et lorsque le serviteur est ruiné, il perd automatiquement la gloire de Dieu. C'est-à-dire, qu'il perd la puissance du Saint Esprit. Il se met donc à créer ce qui lui vient en idée. Dès lors, c'est l'occultisme qui prend le pas dans son ministère ou son assemblée. Ces serviteurs ont l'habitude de dire **: "Ici dans mon Eglise"**. En effet, dans leurs Eglises, les consciences sont écrasées, le serviteur est le maître incontournable des solutions spirituelles. La Bible n'est plus lue du fond du cœur, mais des lèvres de la bouche. Le spectacle est ce qui, désormais rend l'Eglise vivante. Bref, le Seigneur Jésus et sa parole sont jetés par la fenêtre.
A quoi peut-on s'attendre lorsqu'une situation pareille est vécue dans l'Eglise ?

- la dissolution.
- la vérité est calomniée.
- la condamnation est menaçante.

Après ses multiples faux pas, Moïse a eu l'humilité de poser la question suivante à l'Eternel Dieu Tout Puissant :
Comment puis-je mieux te servir si je ne te connais pas ?
Et Elie de dire au petit Samuel ***: Si tu entends encore cette voix t'appeler, répond : Seigneur parle ton serviteur écoute.***

Mon frère, ma sœur, chers collègues, chacun peut réapprendre à connaître qui est l'Eternel Dieu Tout Puissant, Dieu des Armées ; pour soi-même d'abord, en suite se mettre à l'écoute pour ce qui concerne les besoins de son peuple.

Dieu demande des héros. Etre un héros, c'est se dépasser soi-même en se sacrifiant. L'héroïsme n'est pas toujours une affaire de libre choix.

L'héroïsme est une fleur qui ne s'épanouit qu'au sein des bouleversements et des troubles.

L'Eglise du Christ Jésus est dans l'inquiétude à cause du pain quotidien du peuple de Dieu. *Seuls ceux qui se comportent en héros* peuvent apporter des solutions efficaces et rapides dans tous les compartiments de la vie du peuple de Dieu.

La Bible comporte **deux parties** solidement liées entre elles : **l'Ancien Testament – Le Nouveau Testament.**

L'Ancien Testament est la partie où le peuple de Dieu est béni par les promesses à tout égard. C'est également le centre d'apprentissage à l'obéissance à la voix et recommandations de l'Eternel Dieu Tout Puissant le créateur, de qui viennent toutes les bénédictions pour l'humanité ; les croyants.

Le Nouveau Testament ou encore la grâce est le couronnement issu de l'obéissance à la loi. La grâce est la bénédiction spéciale que l'Eternel Dieu accorde à tous ceux qui ont accepté de se reconnaître dans la loi. C'est la bénédiction spéciale de l'antichambre du cœur de l'Eternel Dieu sur son peuple. La grâce correspond également au flux de puissance spéciale déversée sur ceux qui observent la bonne conscience dans leur marche avec Dieu. La grâce est le vécu quotidien des biens faits spéciaux de l'Eternel Dieu.

Les guérisons miraculeuses sont l'œuvre du ministère du Seigneur Jésus. C'est une grâce spéciale, il s'impose.

La conservation du pain quotidien, la conservation de la guérison et le salut, le ministère de Paul s'impose.

Vivement, lorsque les trois bénédictions seront appliquées sur le peuple de Dieu, alors l'Eglise du Christ ressuscité cessera de se vider.

Vivement, lorsque les trois bénédictions seront pratiquées dans l'Eglise du Christ ressuscité, alors le peuple de Dieu se stabilisera sur le roc qu'est Jésus dans l'Eglise. Elle pourra alors sortir de l'état de mendicité.

A force de méditer sur le pain quotidien des enfants de Dieu dans les Eglises, je suis arrivé à transformer cette prière en une prière où l'on ne prononce pas les paroles de destruction, mais, on invoque uniquement les bénédictions entrepreneuriales et les bénédictions financières sur soi-même, sur ses entreprises et sur ses finances. Dans chaque livre que j'écrits, je l'inserts. Je l'ai intitulé : Soit le trône de gloire ; entrepreneuriale et financier de Dieu. Dans le palais de Dieu, rien ne trouble la tranquillité qui y règne.

Devient le trône de Dieu

Eternel Dieu
Agneau de Dieu
Esprit de feu
Sainte Trinité
Sauveur Jésus
Mains de Jésus
Prédications de Jésus
Enseignements de Jésus
Délivrances de Jésus
Les 4 êtres vivants
Fureurs des 4 êtres vivants
Colère des 4 êtres vivants
Flèches des 4 êtres vivants
Les yeux des 4 êtres vivants
Révélations des 4 êtres vivants
Visons des 4 êtres vivants
Vues des 4 êtres vivants
Vies des 4 êtres vivants
Contrôles des 4 êtres vivants
Pensées des 4 êtres vivants
Bénédictions des 4 êtres vivants
Succès et réussite des 4 êtres vivants
Discernements des 4 êtres vivants
Les 24 anciens du trône de grâce
Bénédictions des 24 Anciens du trône de grâce
Adorations des 24 Anciens du trône de grâce
Vies des 24 Anciens du trône de grâce
Autorités des 24 anciens du trône de grâce

} Descend (ez) sur moi et sur mes entreprises ; Détruis (ez) et tue (ez) l'ennemi.

Prosternations des 24 Anciens du trône de grâce
Couronnes d'or des 24 anciens du trône de grâce
Proclamations des 24 anciens du trône de grâce

Les 7 esprits de Dieu
Les yeux des 7 esprits de Dieu
Autorités des 7 esprits de Dieu
Règnes des 7 esprits de Dieu
Dominations des 7 esprits de Dieu
Feux des 7 esprits de Dieu
Lumières des 7 esprits de Dieu
Lumière des 7 esprits de Dieu
Puissance de la lumière des 7 esprits de Dieu
Autorité suprême de la lumière des 7 esprits de Dieu
Victoires des 7 esprits de Dieu
Eclairs du trône de gloire
Les voix et les tonnerres du trône de gloire
Les 3 êtres apparus à Abraham à Mamré
Sons des 7 trompettes
Les Anges des 7 trompettes
Les 7 Sceaux de Révélations
Les 12 tributs d'Israël
Les Evangiles de Matthieu
Les Evangiles de Marc
Les Evangiles de Luc
Les Evangiles de Jean
Actes des Apôtres
Les Archanges célestes
Les visages de l'Agneau de Dieu
Les Acclamations de Dieu
Les Honneurs de Dieu
Les Jugements de Dieu
Les Jugements de l'Agneau de Dieu
Les Rachetés de l'Agneau de Dieu
Les Merveilles du trône de gloire
Les Plantes de guérison du royaume des cieux

} Descend (ez) sur moi et sur mes entreprises ; Détruis (ez) et tue (ez) l'ennemi.

Les Psaumes de David
Les Victoires de David
Les Prières de guerre de David
Les Prières d'intercession de Daniel
Les Révélations de Daniel
Les Prières du jeûne d'Esther
Les Chars de feu de Dieu
Les Grondements Terribles du trône de gloire
Les dix commandements de Moïse
Arche de l'Eternel Dieu
Lumière de l'Arche de l'Eternel Dieu
Puissance dévastatrice Arche de l'Eternel Dieu
Autorité du règne de l'Arche de l'Eternel Dieu
Flèches salvatrices de l'Arche de l'Eternel Dieu
Onction des Evangiles de Jean
Onction des dix commandements
Manteau Prophétique d'Élie
Centuple de la Portion Prophétique d'Élie
Centuple des miracles d'Élie
Le Jeûne d'Esther
La Victoire sur la bête et sur les faux prophètes
L'Arche Destructrice du dieu Dagon des philistins
Exterminateur des Egyptiens de la 10ème plaie
Guérison céleste depuis le trône de gloire
Eau vive du trône de gloire
Gloire du trône du Père
Feu du trône de gloire
Barrière de Feu protectrice du trône de gloire
Feu destructeur de Sodome et Gomorrhe
Feu céleste divin
Déluge de Noé
Cour céleste divine
Conseil divin de l'Agneau de Dieu

} Descend (ez) sur moi et sur mes entreprises ; Détruis (ez) et tue (ez) l'ennemi.

Arc en ciel céleste de protection
Alliance de Dieu pour Abraham et sa génération
Succès d'Isaac
Le Centuple de la Prospérité de Joseph en Egypte
Le Centuple de la Prospérité de Daniel
Le Centuple de la Prospérité de Shadrack
Le Centuple de la Prospérité de Salomon
La Mer de verre du royaume des cieux
La Gloire de Dieu
Le Règne de Dieu
La Sainteté de Jésus
L'Amour de Jésus
Le Sang Entrepreneurial de Jésus
La Gloire de Jésus
La Sainteté de l'Agneau de Dieu
La Gloire de l'Agneau de Dieu
Le Règne du Saint Esprit
Le Feu du Saint Esprit
La Domination du Saint Esprit
Le Trône de grâce
Déluge céleste

} Descend (ez) sur moi et sur mes entreprises ; Détruis (ez) et tue (ez) l'ennemi.

Déluge céleste, descend et rafraîchit l'atmosphère spirituel de mes entreprises,
Déluge céleste, descend et rafraîchit le réseau électrique de mon pays
Déluge céleste, descend et rafraîchit le courant électrique qui passe dans chacune de mes machines
Déluge céleste, descend et rafraîchit le courant électrique qui passe dans chaque appareil de ma maison
La présence effective des 4 êtres vivants dans ma vie et dans mes entreprises, boosters mes entreprises et mes finances
La présence effective des 24 anciens dans ma vie et dans mes entreprises, boosters mes entreprises et mes finances

La présence effective des 7 esprits de Dieu dans ma vie et dans mes entreprises, boosters mes entreprises et mes finances

Les 7 Anges des 7 coupes de l'accomplissement de la colère de Dieu dans ma vie et dans mes entreprises, éliminez toutes entreprises concurrentielles occultes

Que le châtiment du sang de l'Aigle soit partage de tout opposant aux faveurs de l'Agneau de Dieu dans ma vie et dans mes entreprises.

Soit le trône entrepreneurial de Dieu

Eternel Dieu

Agneau de Dieu

Esprit de feu

Sainte Trinité

Entrepreneuriat de Jésus

Les Mains Entrepreneuriales de Jésus

Prédications Entrepreneuriales de Jésus

Enseignements Entrepreneuriaux de Jésus

Délivrances Entrepreneuriales de Jésus

Succès et réussite Entrepreneuriaux du trône de grâce

Bénédictions Entrepreneuriales du trône de grâce

Autorités Entrepreneuriales du trône de grâce

Les Merveilles Entrepreneuriales du trône de gloire

Entrepreneuriats des 4 êtres vivants

Les yeux Entrepreneuriaux des 4 êtres vivants

Révélations Entrepreneuriales des 4 êtres vivants

Visons Entrepreneuriales des 4 êtres vivants

Vues Entrepreneuriales des 4 êtres vivants

Vies Entrepreneuriales des 4 êtres vivants

Contrôles Entrepreneuriaux des 4 êtres vivants

Pensées Entrepreneuriales des 4 êtres vivants

Bénédictions Entrepreneuriales des 4 êtres vivants

Autorités Entrepreneuriales du trône de grâce

Succès et réussite Entrepreneuriaux des 4 êtres vivants

Discernements Entrepreneuriaux des 4 êtres vivants
Les 24 anciens Entrepreneuriaux du trône de grâce
Bénédictions Entrepreneuriales des 24 Anciens du trône de grâce
Adorations Entrepreneuriales des 24 Anciens du trône de grâce
Vies Entrepreneuriales des 24 Anciens du trône de grâce
Autorités Entrepreneuriales des 24 anciens du trône de grâce
Prosternations Entrepreneuriales des 24 Anciens du trône de grâce
Couronnes d'or Entrepreneuriales des 24 anciens du trône de grâce
Proclamations Entrepreneuriales des 24 anciens du trône de grâce
Les 7 esprits Entrepreneuriaux de Dieu
Les yeux Entrepreneuriaux des 7 esprits de Dieu
Autorités Entrepreneuriales des 7 esprits de Dieu
Règnes Entrepreneuriaux des 7 esprits de Dieu
Dominations Entrepreneuriales des 7 esprits de Dieu
Feux Entrepreneuriaux des 7 esprits de Dieu
Lumières Entrepreneuriales des 7 esprits de Dieu
Victoires Entrepreneuriales des 7 esprits de Dieu
Eclairs Entrepreneuriaux du trône de gloire
Les voix et les tonnerres Entrepreneuriaux du trône de gloire
Les 3 êtres Entrepreneuriaux apparus à Abraham à Mamré
Sons des 7 trompettes Entrepreneuriales
Les Anges Entrepreneuriaux des 7 trompettes
Les 7 Sceaux Entrepreneuriaux de la Révélation
Les 12 tributs Entrepreneuriales d'Israël
Les Evangiles Entrepreneuriaux de Matthieu
Les Evangiles Entrepreneuriaux de Marc
Les Evangiles Entrepreneuriaux de Luc
Les Evangiles Entrepreneuriaux de Jean
Actes Entrepreneuriaux des Apôtres
Les Archanges Entrepreneuriaux célestes
Les visages Entrepreneuriaux de l'Agneau de Dieu
Les Acclamations Entrepreneuriales de Dieu

} Descend (ez) sur moi et sur mes entreprises ; Détruis (ez) et tue (ez) l'ennemi.

Les Honneurs Entrepreneuriaux de Dieu
Les Jugements Entrepreneuriaux de Dieu
Les Jugements Entrepreneuriaux de l'Agneau de Dieu
Les Rachetés Entrepreneuriaux de l'Agneau de Dieu
Les Plantes de guérison de l'Entrepreneuriat céleste
Les Chars de feu de Dieu
Les Grondements Terribles Entrepreneuriaux du trône de gloire
Les Révélations Entrepreneuriales de Daniel
Onction Entrepreneuriale des psaumes de David
Onction Entrepreneuriale des Victoires de David
Onction Entrepreneuriale des Prières de guerre de David
Onction Entrepreneuriale des Prières d'intercession de Daniel
Onction Entrepreneuriale des Prières du jeûne d'Esther
Onction Entrepreneuriale des Evangiles de Jean
Onction Entrepreneuriale des dix commandements
Onction Entrepreneuriale du Jeûne d'Esther
Onction Entrepreneuriale de la Victoire sur la bête et sur les faux prophètes Onction Entrepreneuriale de l'Arche de l'Eternel Dieu
Onction Entrepreneuriale du Manteau Prophétique d'Élie
Onction Entrepreneuriale du Centuple de la Portion Prophétique d'Élie Onction Entrepreneuriale du Centuple des miracles d'Élie
Onction Entrepreneuriale de l'arche destructrice du dieu Dagon des philistins Exterminateur des Egyptiens de la 10ème plaie
Guérison Entrepreneuriale céleste depuis le trône de gloire
Eau vive Entrepreneuriale du trône de gloire
Gloire Entrepreneuriale du trône du Père
Feu Entrepreneurial du trône de gloire
Barrière de Feu protectrice du trône de gloire
Feu Entrepreneurial destructeur de Sodome et Gomorrhe
Feu Entrepreneurial céleste divin
Déluge Entrepreneurial de Noé
Cour céleste divine Entrepreneuriale
Conseil divin Entrepreneurial de l'Agneau de Dieu

} Descend (ez) sur moi et sur mes entreprises ; Détruis (ez) et tue (ez) l'ennemi.

Arc en ciel céleste de protection
Alliance Entrepreneuriale de Dieu pour Abraham et sa génération
Onction de Succès Entrepreneurial d'Isaac
Onction Entrepreneuriale du Centuple de la Prospérité de Joseph en Egypte
Onction Entrepreneuriale du Centuple de la Prospérité de Daniel
Onction Entrepreneuriale du Centuple de la Prospérité de Shadrack
Onction Entrepreneuriale du Centuple de la Prospérité de Salomon
La Mer de verre Entrepreneurial du royaume des cieux
La Gloire Entrepreneuriale de Dieu
Le Règne Entrepreneurial de Dieu
La Sainteté Entrepreneuriale de Jésus
L'Amour Entrepreneurial de Jésus
Le Sang Entrepreneurial de Jésus
La Gloire Entrepreneuriale de Jésus
La Sainteté Entrepreneuriale de l'Agneau de Dieu
La Gloire Entrepreneuriale de l'Agneau de Dieu
Le Règne Entrepreneurial du Saint Esprit
Le Feu Entrepreneurial du Saint Esprit
La Domination Entrepreneurial du Saint Esprit
Le Trône de grâce Entrepreneurial
Déluge céleste Entrepreneurial
Déluge céleste, descend et rafraîchit l'atmosphère
Déluge céleste, descend et rafraîchit le réseau électrique de mon pays
Déluge céleste, descend et rafraîchit le courant électrique qui passe dans chacune de mes machines
Déluge céleste, descend et rafraîchit le courant électrique qui passe dans chaque appareil de ma maison
La présence effective des 4 êtres vivants Entrepreneuriaux dans ma vie et dans mes entreprises, boosters mes entreprises et mes finances
La présence effective des 24 anciens Entrepreneuriaux dans ma vie et dans mes entreprises, boosters mes entreprises et mes finances
La présence effective des 7 esprits Entrepreneuriaux de Dieu dans ma vie et dans mes entreprises, boosters mes entreprises et mes finances

Les 7 Anges des 7 coupes de l'accomplissement de la colère de Dieu dans ma vie et dans mes finances, détruisez et exterminez tout onction étrangère au trône gloire dans ma vie et dans mes entreprises,
Que le châtiment du sang de l'Aigle soit le partage de tout opposant aux faveurs de l'Agneau de Dieu dans ma vie et dans mes entreprises.

Soit le trône financier de Dieu

Eternel Dieu
Agneau de Dieu
Esprit de feu
Sainte Trinité
Finances de Jésus
Les Mains Financières de Jésus
Prédications Financières de Jésus
Enseignements Financiers de Jésus
Délivrances Financières de Jésus
Succès et réussite Financiers de Jésus
Bénédictions Financières de Jésus
Succès et réussite Financiers du trône de grâce
Bénédictions Financières du trône de grâce
Autorités Financières du trône de grâce
Les Merveilles Financières du trône de gloire
Les yeux Financiers des 4 êtres vivants
Onctions Financières des 4 êtres vivants
Révélations Financières des 4 êtres vivants
Visons Financières des 4 êtres vivants
Vues Financières des 4 êtres vivants
Vies Financières des 4 êtres vivants
Faveurs Financières des 4 êtres vivants
Contrôles Financiers des 4 êtres vivants
Pensées Financières des 4 êtres vivants
Bénédictions Financières des 4 êtres vivants
Succès et réussite Financiers des 4 êtres vivants

Discernements Financiers des 4 êtres vivants
Faveurs Financières des 4 êtres vivants
Prospérités Financières des 4 êtres vivants
Les 24 anciens Financiers du trône de grâce
Bénédictions Financières des 24 Anciens du trône de grâce
Adorations Financières des 24 Anciens du trône de grâce
Vies Financières des 24 Anciens du trône de grâce
Autorités Financières des 24 anciens du trône de grâce
Rendus Financiers des 24 Anciens du trône de grâce
Couronnes d'or Financières des 24 anciens du trône de grâce
Proclamations Financières des 24 anciens du trône de grâce
Faveurs Financières des 24 Anciens du trône de grâce
Prospérités Financières des 24 Anciens du trône de grâce
Les 7 esprits Financiers de Dieu
Les yeux Financiers des 7 esprits de Dieu
Autorités Financières des 7 esprits de Dieu
Règnes Financiers des 7 esprits de Dieu
Dominations Financières des 7 esprits de Dieu
Feux Financiers des 7 esprits de Dieu
Onctions Financières des 7 esprits de Dieu
Victoires Financières des 7 esprits de Dieu
Visions Financières des 7 esprits de Dieu
Faveurs Financières des 7 esprits de Dieu
Prospérités Financières des 7 esprits de Dieu
Eclairs Financiers du trône de faveur
Les voix et les tonnerres Financiers du trône de faveur
Les 3 êtres Financiers apparus à Abraham à Mamré
Sons des 7 trompettes Financières
Onction financière des Anges des 7 trompettes
Onction financière des 7 Sceaux de la Révélation
Onction financière des 12 tributs d'Israël
Onction financière des Evangiles de Matthieu

Onction financière des Evangiles de Marc

Onction financière des Evangiles de Luc

Onction financière des Evangiles de Jean

Onction financière des Actes des Apôtres

Onction financière des Archanges célestes

Onction financière des visages de l'Agneau de Dieu

Onction financière des Acclamations de Dieu

Onction financière des Honneurs de Dieu

Onction financière des Jugements de Dieu

Onction financière des Jugements de l'Agneau de Dieu

Onction financière des Rachetés de l'Agneau de Dieu

Les Merveilles Financières du trône de faveur

Les Plantes de guérison Financières du royaume des cieux

Les Faveurs Financières des Psaumes de David

Les Faveurs Financières des Prières de David

Les Faveurs Financières des Prières d'intercessions de Daniel

Les Faveurs Financières des Révélations de Daniel

Les Faveurs Financières des Prières du jeûne d'Esther

Les Chars de feu de Dieu

Onction Financière des Grondements Terribles du trône de gloire

Onction Financière des dix commandements

Onction Financière de l'Arche de l'Eternel Dieu

Onction Financière des Evangiles de Jean

Onction Financière du Manteau Prophétique d'Élie

Onction Financière du Centuple de la Portion Prophétique d'Élie

Onction Financière du Centuple des miracles d'Élie

Onction Financière du Jeûne d'Esther

Onction Financière de la Victoire sur la bête et sur les faux prophètes

Onction Financière de L'Arche Destructrice du dieu Dagon des philistins

Exterminateur des Egyptiens de la 10ème plaie

Onction Financière de Guérison céleste depuis le trône de gloire

Onction Financière de l'Eau vive du trône de gloire

Gloire Financière du trône du Père

Feu Financier du trône de gloire
Barrière de Feu protectrice des Finances du trône de gloire
Onction Financière destructrice de Sodome et Gomorrhe
Feu Financier céleste et divin
Déluge Financier de Noé
Cour céleste divine Financière
Conseil divin Financier de l'Agneau de Dieu
Arc en ciel céleste de protection Financière
Alliance Financière de Dieu pour Abraham et sa génération
Succès Financier d'Isaac
Le Centuple de la Prospérité Financière de Joseph en Egypte
Le Centuple de la Prospérité Financière de Daniel
Le Centuple de la Prospérité Financière de Shadrack
Le Centuple de la Prospérité Financière de Salomon
La Mer de verre Financière du royaume des cieux
Gloire Financière de Dieu
Le Règne Financier de Dieu
La Sainteté Financière de Jésus
L'Amour Financier de Jésus
Le Sang Financier de Jésus
La Gloire Financière de Jésus
La Sainteté Financière de l'Agneau de Dieu
La Gloire Financière de l'Agneau de Dieu
Le Règne Financier du Saint Esprit
Le Feu Financier du Saint Esprit
La Domination Financière du Saint Esprit
Le Trône de grâce Financier
Déluge Financier céleste
Sainte trinité Financière
Déluge Financier, descend et rafraîchit l'atmosphère Financière
La présence effective des 4 êtres vivants Financiers dans ma vie
La présence effective des 24 anciens Financiers dans ma vie

La présence effective des 7 esprits Financiers de Dieu dans ma vie

Les 7 Anges des 7 coupes de l'accomplissement de la colère de Dieu détruisez et exterminez tout onction étrangère au trône gloire dans ma vie et dans mes fiances,

Que le châtiment du sang de l'Aigle soit partage de tout opposant aux faveurs Financières de l'Agneau de Dieu dans ma vie et dans mes finances.

Pages Ouvertes

- Etre serviteur de Dieu (pour le salut des âmes) veut dire être disciple de Jésus Christ ?
- Prendre l'autorité sur un esprit déchu ou devant une situation veut dire :
  gronder ?
  crier ?
- Etre baptisé en eau profonde c'est naître de nouveau ?
- C'est Jésus qui a introduit la pâque dans la Bible ?
- Selon vous et selon la Bible, que veut dire la pâque ?
- Selon les hommes et les femmes du monde, que veut dire la pâque ?
- La Bible parle de : Célébration de la pâque et institution de la sainte cène. Selon vous, quelle est la nouveauté que Jésus apporte dans la célébration de la pâque ?
- La nouveauté que Jésus apporte, change-t-elle l'origine de la pâque ?
- Entre l'Eternel Dieu et Jésus, qui a introduit la pâque dans la Bible ?
- La Bible dit qu'on célèbre la pâque en la mémoire de Jésus ?
- Dans Luc 17 : 32 il est écrit *les disciples lui dirent : où sera-ce Seigneur ?* Et il répondu : *là où sera le corps, là s'assembleront les aigles.* Selon votre compréhension, et vos propres connaissances, donner une explication à la réponse de Jésus à ses disciples.
- Bibliquement, que veut dire Jésus par cette réponse ?
- Selon vous, qu'est-ce que la nouvelle naissance ?
- Jésus dit : les paroles que je vous donne sont Esprit. En vous appuyant sur cette déclaration, en quoi consiste la restitution ?
- Fait-elle partir du processus de la nouvelle naissance ?
- Pourquoi faut-il faire la restitution ?
- Entre l'Eglise (les quatre murs) et l'être humain, lequel des deux est le temple du Saint-Esprit ?

- Par rapport à ta réponse, essaye d'expliquer autant que possible les versets suivants : Luc 19 : 45- *il entra dans le temple, et il se mit à chasser ceux qui vendaient,*
  46- leur disant : il est écrit : ma maison sera une maison de prière. Mais vous, vous en avez fait une caverne de voleur.
- Dans 1 Timothée 2 : 12, Paul écrit : *Je ne permets pas à la femme d'enseigner, ni de prendre l'autorité sur l'homme ; mais elle doit demeurer dans le silence.* Qu'elle est ton analyse, ou que penses-tu de ces versets ?
  Avant de conclure, médite d'abord sur les versets suivants :
  1 cor. 14 :34 puis sur Actes 2 : 14-18
- Que penses-tu de Actes 2 :17 Dans les derniers jours,
  dit Dieu, je reprendrai de mon Esprit sur **toute chair.** Que veut dire toute chair pour toi ?
- Voici ce que moi je pense : puisque Judas Iscariote a permis que Jésus soit livré pour que et toi moi soyons sauvés, **le paradis lui a été ouvert et promis par le Seigneur Jésus.**
  Par tes connaissances, et en t'appuyant sur des versets
  Bibliques, démontre que j'ai raison ou que je fais des déclarations non fondées. Et toi que penses-tu ?
- Selon toi, qu'est-ce que Jésus a effectivement dit concernant Judas Iscariote par rapport à son acte ?
- Les uns et les autres disent que la grâce qu'ont des parents croyants couvre les enfants. Selon ta réponse démontre-le à la lumière des écrits bibiques.
- Dieu par la bouche de Paul dit ce qui suit dans Romain 4 :17 ″ je t'ai établi père d'un grand nombre de nations. Il est notre père devant celui auquel il a cru, Dieu qui donne la vie aux morts, et qui appelle les choses qui ne sont points comme si elles étaient″.
  Dans la première phrase de ce verset, Paul fait référence à quel personnage Biblique.
  Selon tes connaissances et ton expérience, brosse le portrait de ce personnage Biblique
- Selon Romains 4 :17 dans la deuxième partie de ce verset, et selon la définition que donne Paul sur la foi dans Hébreux 11 : 1 *or la foi est une ferme assurance des choses qu'on espère, une démonstration de celles qu'on ne voit pas.*
- Que penses-tu de la foi ?
  Selon toi, que faut-il faire pour la matérialiser ?

- Peux-tu appliquer cela dans ton assemblée, et dans ton ministère Biblique, et même dans ta vie quotidienne ?
- Selon les enseignements et les expériences, pour mieux bâtir sa foi pour un projet, il faut :
  *Avoir des idées, et travailler pour les atteindre.
  *Choisir des options, et travailler pour les atteindre.
  *Elaborer des objectifs. Et travailler pour les atteindre.
  Fait ton choix sur la meilleure idée et travaille ta foi.

Bibliographie

Bible : toutes versions confondues.
Roi Léopold II : Discourt aux ministres des colonies.
Emmanuel Eni : Délivrer de la puissance des ténèbres
Tsala Essomba : Va et raconte ce que j'ai fait pour toi.
Zéphirin Moube : Prière de louange et de bénédiction en temps d'épreuves. 2ème édition, Revue et augmenté.
LE SAGE : prières et Remèdes qui Guérissent. Tome I
P.M. HEBGA : Sorcellerie et délivrance.
Paul Roger Batibonack : Séminaire sur le renoncement
Paul Roger Batibonack : Comisdi du 17/02/2006 ? La violence (Devenir le feu)
Marc P. Lammerink et Ivan wolffer (éds) : Approches participatives pour un développement durable.
ABBEE P. NVIENA : Univers Culturel et religieux du Peuple Béti
ZACHARIA F.T : un cœur nouveau.
Watchman N : Autorité Spirituelle.
DR ABRAHAM Tchigbounou : Déliez-le et Laissez- le aller.
Pasteur Ondobo Messi François : Connaître le Saint Esprit.
Pasteur Ondobo Messi François, Diacre Bidjo Benoit Parfait : Le Réveil Spirituel.
Expériences personnelles dans le ministère.

Printed by Books on Demand GmbH, Norderstedt / Germany